SOLUTION

DE

L'ORGANISATION DU TRAVAIL

PAR

LES FRUITS DU TRAVAIL ORGANISÉS.

PAR THÉOPHILE ARNOUX.

MARSEILLE

IMPRIMERIE NATIONALE, ASSOCIATION D'OUVRIERS
QUAI DU CANAL, N. 9

1848

1849

Au Peuple Français.

C'est à vous tous, Français, à vous tous, hommes de bien, loyaux et sincères, qui voulez, avant tout, le bonheur de la patrie, quelles que soient, du reste, votre classe et vos opinions; à vous surtout, ouvriers de Paris, qui fûtes toujours présentés pour modèle aux autres peuples; à vous enfin qui, en juin dernier, avez donné au monde l'horrible spectacle de frères massacrant d'autres frères, que je dédie mon travail. Certes, mon nom est bien obscur, bien inconnu; qu'importe le nom! les plus beaux titres d'un citoyen ne sont-ils pas dans ses actes? Quelle gloire a jamais égalé celle d'Homère? il n'était pourtant qu'un malheureux aveugle mendiant.

L'opuscule que je vous présente ici est accessible à toutes les intelligences; c'est le cœur et non l'esprit qui l'a dicté. Je ne suis point un homme de talent, de génie; hélas! je ne suis rien, rien, pas même socialiste!

Si donc j'ai résolu le grand problème qu'on a tant cherché en vain; si, par mes efforts, une ère de régénération doit commencer pour l'humanité, la gloire en appartient à la Providence seule, qui m'aura guidé ; je n'aurai été que le simple instrument dont elle se sera servie pour manifester hautement aux hommes sa paternelle sollicitude. Oui, je vous le dis avec toute l'ardeur de la conviction, les maux qui désolent l'humanité et notre patrie en particulier auront un terme, et ce terme est prochain. Examinez scrupuleusement mes assertions, pesez bien mes raisons ; que ceux d'entre vous que la nature a fait simples s'éclairent des lumières de leurs frères, et quand, comme moi, vous serez convaincus de toute la vérité, de toute l'efficacité du remède que je vous présente, alors, oh ! alors prêtez à ma faible voix votre puissant concours. Notre gloire sera commune et la postérité reconnaissante bénira également notre mémoire.

O vous, hommes de Juin, vous qui n'avez été pour la plupart que les dociles instruments de la folie ou d'ambitions dénaturées, ouvrez les yeux à la lumière ; faites justice, par votre mépris, de ces saltimbanques dont toute la science n'a, de tout temps, consisté qu'à vous pousser dans l'arène afin d'étancher leur soif dans votre sang et de partager ensuite vos dépouilles ! Qu'avez-vous gagné à toutes ces insurrections dans lesquelles ils vous ont entraînés ? Une occasion vous est offerte de prendre, aux yeux du monde entier, une revanche éclatante : ne la laissez pas échapper. Que désormais votre amour pour l'ordre fasse oublier vos séditions passées. Abjurez toute haine envers la garde nationale et l'armée qui, en vous repoussant, n'ont fait que leur devoir. Insensés ! vous demandiez le partage des richesses ; mais qu'est-ce donc que la richesse, si ce n'est point les fruits du travail économisés ? Respectez donc dans les dépositaires actuels de la richesse les économies de leurs pères.

Ouvriers ! d'où vient la petite somme que plusieurs d'entre vous ont à la caisse d'épargnes ? N'est-ce point l'économie de l'excédant de votre salaire sur vos dépenses quotidiennes ? Que diriez-vous à celui qui, s'emparant de votre livret, irait en toucher le montant ? Sans doute vous l'en empêcheriez d'abord par tous vos moyens, et si votre faiblesse cédait devant sa force brutale, vous le traiteriez de voleur. Ainsi fait la société actuelle envers ceux qui viennent, sans droit aucun, réclamer le partage de ses biens. Ah ! soyez bien convaincus que la propriété est inviolable ; y porter la moindre atteinte serait une action d'autant plus infame qu'elle serait inutile ; car la propriété ne tarderait pas de disparaître. Comment voudriez-vous qu'on respectât en vous ce que vous n'auriez pas respecté en autrui ! Non, vous ne parviendriez pas même à la détruire ; car, toutes les forces vives de la nation éteintes, les pavés se soulèveraient encore contre vous ; et, fussiez-vous, en définitive, un moment vainqueurs, vous péririez bientôt victimes de vos propres excès.

M'objecterez-vous qu'il est aujourd'hui des Crésus qui ne doivent leur opulence qu'à l'usure ; que le fleuve de leurs richesses n'est formé que des gouttes de votre sueur ? Oui, il y a malheureusement beaucoup de ces hommes. Tels d'entre eux se feraient scrupule de forcer un coffre-fort pour y dérober un écu, qui trouvent fort naturel de vous extorquer, avec votre consentement, il est vrai, jusqu'à votre dernier centime ; oui, ils trouvent mérité le châtiment que l'assassin subit sur la place publique, et ne tiennent aucun compte des familles entières qu'ils conduisent du désespoir au suicide. Honte à jamais à de tels hommes ! mais ne les honorons point de notre haine, ils ne le méritent pas. Que leurs remords soient notre vengeance.

Si donc toutes les fortunes ne sont point la représentation matérielle d'un travail fait ; s'il y a des usuriers parmi nous, n'en attribuons la faute qu'à notre déplorable organisation sociale. Arrachons le dard au serpent, ou plutôt cuirassons-nous contre ses morsures ; nous pourrons alors marcher sans prendre garde à lui, et répondre par le mépris à ses ridicules provocations.

Demandons à l'État ce qui est possible, en même temps que juste pour tous, et l'État fera droit à notre demande. Mais si quelques charlatans politiques, froissés dans leur ambition, voulaient faire prévaloir leur égoïste volonté au préjudice des intérêts sacrés du peuple, alors, oh ! alors rappelons-nous que nous sommes souverain, et en cette qualité restons calmes et dignes ; serrons nos rangs grossis par la garde nationale et l'armée, qui sont le peuple aussi, et assiégeons l'Assemblée nationale, non point avec les armes de la force brutale — quel est le canon qui ait jamais fait d'un mensonge une vérité ! — mais avec l'arme plus terrible encore de la justice et du bon droit. Un d'entre nous, délégué à l'Assemblée, présenterait à sa barre la pétition suivante :

« Citoyens représentants ,

« Le Peuple français vient, par mon organe, devant vous qui re-
« présentez la nation tout entière, faire amende honorable pour le
« crime de lèze-nation dont une partie du peuple de Paris s'est
« rendu coupable en juin dernier. La faute a été grande, mais plus
« grand encore en est le repentir. Ces hommes ont été plus égarés
« que criminels. Je viens vous demander, au nom de la fraternité,
« oubli et pardon du passé. Un moyen nous est donné de conquérir
« plus encore qu'ils ne vous demandaient dans leur aveuglement
« à jamais déplorable. Nous avons bien examiné et pesé ce moyen,
« et nous en avons reconnu toute la justice et l'équité ; à vous main-
« tenant de dessiller nos yeux si nous nous sommes trompés ; mais,
« surtout, nous vous en prions, que la lumière se fasse ! »

Espérons, mes chers compatriotes, espérons que bientôt l'étranger, jalousant notre sort, dira : La France est non-seulement le plus
noble, le plus beau, mais encore le plus heureux des pays.

SOLUTION

DE

L'ORGANISATION DU TRAVAIL

Par les fruits du Travail organisés.

———— ⦿ ————

L'ouragan qui, le 24 février dernier, fondit tout-à-coup sur la France et de là s'est continué sur presque toute l'Europe, en changeant la face politique de cette partie du monde, l'a couverte de ruines et de décombres. La France surtout, la France, cet ardent foyer de civilisation, a vacillé un moment sur le penchant de l'abyme au fond duquel, sans l'héroïsme d'une grande partie de ses enfants, elle n'eût trouvé qu'incendie, meurtre, pillage et, pour résultat final, la barbarie.

Le délire du triomphe calmé, ceux-là mêmes qui avaient détruit ont voulu réédifier, chacun s'est mis à l'œuvre; mais ces hommes, qui s'entendaient admirablement durant l'attaque, n'ont plus parlé la même langue après la victoire, et la nouvelle tour de Babel à édifier n'a pas joui d'un sort plus heureux que son aînée d'antique mémoire.

C'est alors qu'on a vu surgir de toutes parts des organisateurs du travail, des communistes, des socialistes; les républicains avancés, les modérés; les partis conservateur, catholique et tant d'autres. Ceux-ci sincères peut-être et voulant le bonheur de la nation, ceux-là recélant, sous des dehors propres à séduire les masses, les plus horribles convulsions, le chaos.

L'un de ces systèmes est mort à l'application; c'est un véritable suicide : que la terre lui soit légère! les autres sont encore en présence, acharnés à se porter les uns aux autres, et à parer mutuellement les plus rudes estocades, de manière à rendre l'issue du combat de plus en plus douteuse. Jetons, en passant, un regard sur ces différents partis.

D'abord les Communistes, ces monomanes dignes des cabanons de Bicêtre, qui, la tête coiffée du bonnet phrygien et les reins ceints d'une écharpe trempée dans le sang, voudraient faire passer toutes les têtes sous leur niveau égalitaire, afin d'abattre celles qui se trouveraient placées trop haut; hommes féroces, qui effaceraient avec le sang de leurs frères toute trace de civilisation.

Il est vrai qu'ils prennent chaque jour le soin de nous dire que leur intention n'est point de continuer les horreurs d'un passé encore bien près de nous; que l'échafaud, comme moyen, n'est plus dans nos mœurs; que nul ne peut songer à le relever, de même que personne ne serait disposé à le souffrir. Soit, nous acceptons cette déclaration d'autant plus volontiers que nous la croyons en partie vraie. Mais est-ce à dire que la société ne doive point regarder les communistes comme ses plus grands ennemis? Que doit-on entendre par communisme, sinon le partage intégral entre les citoyens, de toutes les valeurs qui existent dans le pays, c'est-à-dire la spoliation des uns au profit des autres; amenant inévitablement la ruine de tous. Nous comprenons facilement que n'ayant rien à mettre à la masse commune; vous seriez fort aises de partager ; mais ce que vous devriez comprendre à votre tour, c'est que tous ceux qui, bien que non-propriétaires, ont dans le cœur quelques notions de justice, et dans le cerveau l'ombre de la raison, vous sont et vous seront toujours opposés. Parviendrez-vous jamais à convaincre celui qui, à force de travail et d'économie, de veilles et de privations, a amassé une petite fortune pour ses vieux jours, et qu'à sa mort il léguera avec bonheur à ses enfants, parviendrez-vous jamais à le convaincre que son bien-être est un vol fait à la société, et que par conséquent il doit le partager fraternellement avec ceux qui, quoique tout aussi bien doués que lui, n'auront jamais voulu travailler que juste le temps nécessaire pour gagner leur entretien journalier, ou qui auront dépensé en folles prodigalités ou autrement les épargnes qu'ils auraient pu faire ? Vous aurez beau entasser sophismes sur sophismes, jamais vous ne lui ferez vous céder la clé de sa caisse, et si vous arrivez un jour à posséder les valeurs qu'elle contient, ce ne sera qu'après y avoir cloué le cadavre de son propriétaire, et en avoir fait sauter la serrure. Or, selon nous, toute logique qui, pour être convaincante, a besoin d'emprunter le secours d'un fusil ou la lame d'un poignard, n'en est pas une. Tuer un homme pour le convaincre est un piètre moyen de raisonner : on arrête ses idées, mais on ne le convertit nullement.

Admettons un moment que, toute résistance vaincue, vous fussiez appelés à appliquer vos principes : quelle serait votre manière de procéder ? Feriez-vous une égale part à chacun ? Comment concilieriez-vous les exigences avec les aptitudes physiques et intellectuelles ? Quel affreux gâchis vous susciteriez alors ! Et puis, vous qui êtes imbus d'égalité jusqu'à en perdre la raison, ne seriez-vous pas obligés, chaque jour, de refaire le partage, par la raison qu'il y a toujours eu et qu'il y aura éternellement des avares à côté des prodigues, et que l'avoir de ceux-ci ne manquerait pas de tomber en la possession de ceux-là ? On a appelé l'avarice et la prodigalité défauts : nous les considérons, nous, comme nécessités. C'est des contraires que naît l'harmonie. Une nation composée en totalité de prodigues ou d'avares, ne pourrait subsister : il est nécessaire qu'il y ait des uns et des autres ; mais il ne peut y avoir des avares qu'à la condition que les trésors qu'ils amassent leur seront garantis ; enlevez-leur cette garantie, ils seront prodigues. Que deviendrait alors le travail ?

Ce n'est pas, évidemment, ce moyen-là que vous emploieriez. Vous placeriez toutes les valeurs au pouvoir de l'Etat, qui serait, pour chaque citoyen, le dieu dispensateur des grâces et des faveurs. C'est, en vérité, une manière assez singulière de comprendre la liberté. D'hommes libres que nous sommes, nous passérions tout d'un coup en tutelle ! Il est vrai que ce ne serait peut-être pas un mal que nous y fussions un peu, vu la faible part de raison que nous possédons tous en général ; mais si jamais pareille fantaisie nous prenait, nous choisirions un tuteur autre que l'Etat. Qu'est-ce que l'Etat ? Une machine sans cœur, sans entrailles, dont les mille rouages fonctionnent en vertu de décrets, sans prendre souci s'ils écrasent ou non des créatures. Un impôt, par exemple, est voté, il faut qu'il rentre ; qu'importe à l'État qu'il y ait une multitude de malheureux qui soient obligés de vendre jusqu'à leur linge pour acquitter les contributions ? Et quand, tous comptes faits, les coffres sont pleins, les conducteurs de la machine se frottent les mains en déclarant sincèrement que la situation de l'industrie est fort satisfaisante et que tout va pour le mieux dans le meilleur des mondes.

Nous serions donc les pupilles de l'Etat, et, comme tels, nous devrions accepter sans murmure toutes les conséquences qui découleraient de notre nouvelle position. L'Etat, l'égalité aidant, devrait penser et agir pour nous : il réglerait quand nous devrions nous asseoir ou rester debout, dormir ou veiller, être malade ou en bonne santé. Il devrait encore stipuler la quantité et la qualité des aliments, le temps nécessaire à leur digestion ; etc., etc.

Communistes, la société a tort de vous repousser systématiquement ; elle devrait au contraire vous donner les moyens de vous placer loin d'elle sous les douceurs d'un pareil régime. Je ne sache pas, si elle voulait vous punir des inquiétudes que vous lui avez causées, qu'elle pût vous infliger un plus grand châtiment.

Les Socialistes ensuite, profondément imbus de leurs doctrines, ayant la conviction de l'efficacité de leur remède pour guérir le cancer qui ronge le cœur de la société actuelle, ont l'inconvénient d'avoir une foule de points de contact avec les communistes leurs aînés. L'association, qui en est le pivot, l'association, qui fait de si grandes choses, remédierait à beaucoup de souffrances ; mais il faut qu'ils connaissent bien peu le cœur humain pour ne point sentir les obstacles invincibles qui s'opposent à la mise en pratique de leurs systèmes ; il faut qu'ils aient constamment fermé les yeux pour ne point lire dans le grand livre de la nature. Tel arbre, bien que battu parfois par l'orage, se couvre de verdure sur le sommet aride d'une haute montagne, qui s'étiole et meurt au fond d'une riche et fertile vallée. D'ailleurs, les hommes, aussi différents entre eux de goût que de visage, ont besoin d'une liberté pleine et entière dans leur manière de vivre : ils ne pourraient jamais se soumettre à cette vie de cloître, uniforme et monotone, qu'on voudrait leur faire. L'ennui ne tarderait pas à les saisir, puis le dégoût, puis enfin le suicide.

Les républicains avancés, exaltés, les ultrà, les rouges, les montagnards, ainsi qu'il vous plaira de les désigner, forment ce qui s'est toujours appelé et s'appellera éternellement l'opposition. Leur système gouvernemental est aussi varié que leur nom. Ceux-ci sont communistes, ceux-là socialistes ;

les uns penchent pour telle école, les autres pour telle autre. Ils réclament pourtant des droits réels, mais sans indiquer le moyen de les obtenir, ou plutôt les voies qu'ils ont indiquées sont impraticables. Somme toute, il est clair pour nous que les chefs de ce parti ne sont mécontents que précisément parce qu'ils ne sont plus ou n'espèrent pas être de longtemps *satisfaits*.

A défaut du pouvoir, ils trônent dans des banquets, où ils nous donnent un avant-goût des aménités de leur gouvernement, si jamais les rênes de l'Etat pouvaient tomber en de telles mains. Tous leurs discours sont l'apologie des hommes et du régime de 93 d'horrible mémoire. Ils font tous leurs efforts pour faire revivre parmi nous les mœurs et les usages de cette époque, qui fera toujours tache dans notre histoire ; mais l'habit sanglant des conventionnels ne va pas à toutes les tailles : aussi, d'affreux qu'il était, il est devenu ridicule sur les chétives épaules de leurs modernes plagiaires.

Oui, prosternez-vous devant Robespierre, Danton, St-Just, Couthon et autres. Canonisez, si vous le voulez, le *cordonnier* Simon, le *père Duchesne* Hébert et le *patriote* Marat : à votre aise. En agissant de la sorte, vous avez mis entre le pouvoir et vous une barrière qu'il ne vous sera jamais possible de franchir, et ce n'est certes pas nous qui voudrions renverser cette barrière.

Quels que soient ses talents et sa renommée, il n'est au pouvoir d'aucun homme de réhabiliter la Convention, ses acolytes des comités et tous leurs adhérents. Nos pères, leurs contemporains, nous ont enseigné, dès le berceau, à maudire leur nom, et cette malédiction, qui ne s'est point affaiblie en nous, quoi qu'on ait pu dire ou écrire, passera dans toute sa force dans le cœur de nos enfants. Il est, voyez-vous, une autorité bien supérieure à l'esprit, au talent, à la réputation, cette autorité c'est le bon sens populaire. Il a irrévocablement jugé les hommes de 93 ; et s'il était possible que quelque chose pût les rendre encore plus odieux, ce serait l'encens que vous leur prodiguez aujourd'hui.

Quant à nous personnellement, qui avons pour habitude de n'estimer les hommes que tout juste ce qu'ils valent ; nous qui les considérons pour ce qu'ils sont, c'est-à-dire des infiniment petits, tout bouffis d'orgueil, dispersés sur un globe qui n'est lui-même qu'un atome, nous ne nous laissons que fort peu éblouir par ce qu'on est convenu d'appeler le talent, le génie. L'homme qui possède l'une de ces qualités, s'il n'est vertueux, nous est aussi indifférent que l'inconnu que nous coudoyons dans la rue. Nous croyons que si Dieu a laissé sur la terre quelques parcelles de son essence, c'est dans le cœur et non dans le cerveau qu'elles résident. Du génie à la déraison, à la folie, il n'y a qu'un pas ; tandis qu'un cœur vraiment bon reste toujours tel, de quelques souillures, du reste, que le couvrent les passions. D'ailleurs le génie n'a rien d'absolu, il est au contraire tout relatif ; il dépend entièrement des mœurs, des préjugés de l'opinion reçue : tel était un homme de génie il y a deux mille ans, qui serait tout au plus aujourd'hui jugé digne d'être portier ou laquais.

A ce point de vue, nous considérons la Convention comme une assemblée de régicides, d'assassins et de traîtres envers la nation.

De *régicides*, parce que les membres de cette assemblée avaient reçu du peuple le pouvoir de faire des lois, de réformer des abus, de veiller à la sûreté de l'Etat par des moyens énergiques mais humains, et non de juger, de condamner un monarque à qui l'histoire peut seulement reprocher d'avoir manqué de résolution. Crime énorme vraiment, pour vous, digne assemblée, qui, sauf quelques-uns de vos membres, vous êtes laissé absorber, diriger, par une poignée d'audacieux scélérats, sans oser même lever la tête !

Vos velléités d'indépendance étaient frelatées ; vous n'avez jamais eu que le délire de la peur. Vous avez laissé à la postérité un magnifique spécimen de votre énergie, dans cette séance où Robespierre, le plus lâche d'entre vous, Robespierre, qui vous avait fait plier sous ses volontés sanguinaires, Robespierre, à qui vous obéissiez plus servilement que ne le fait l'esclave envers son maître, où Robespierre enfin, accusé par vous, timidement, faiblement, d'une voix tremblante, tout lâche et accusé qu'il était, montra encore plus de fermeté que vous, ses accusateurs!!

Il nous semble fort naturel, à nous, qu'un roi, forcé de rompre brusquement avec toutes les idées reçues, sentît, par instant et comme malgré lui, ses sympathies se tourner vers les hommes et les objets qui l'avaient environné depuis sa naissance. D'ailleurs, les pièces qui ont servi à l'acte d'accusation de cet infame procès ont été arguées de faux par l'accusé, d'une part ; et, de l'autre, certifiées vraies par l'accusateur. Or, entre la parole d'un honnête homme et le témoignage d'un brigand, le doute n'est point permis.

D'*assassins*, parce que, sous le prétexte de punir des conspirateurs, ils ont commis ou laissé commettre, ce qui est un, toute sorte d'horreur ; parce qu'ils ont envoyé à l'écha- faud tout ce qui faisait ombrage à leur ambition ; parce qu'ils ont partagé ou approuvé par leur silence, ou leur faiblesse, ou leur indifférence, toutes les infamies dans lesquelles les cannibales du comité de salut public se sont plongés ; parce qu'enfin les malédictions de toutes les innocentes victimes des *noyades*, des *fusillades*, des *guillotinades*, leur sont et leur demeureront éternellement acquises.

De *traîtres envers la nation*, parce que ces hommes ont été infidèles à leur mandat en se faisant, de simples délégués, dictateurs ; parce que, tenant leur autorité du peuple, ils n'ont jamais voulu soumettre leurs décrets à sa ratification, dans les questions qu'ils savaient bien dépasser les limites de leur pouvoir. (1)

Nous direz-vous que toutes ces horreurs étaient nécessaires pour conserver les institutions de la Constituante et sauver la patrie menacée au dedans par des conspirateurs et au dehors par les étrangers? Mensonge! car leur système sanguinaire, bien loin d'écraser les ennemis intérieurs, ne fit qu'en centupler le nombre. Que pouvaient d'ailleurs contre la liberté, des femmes, des enfants, des citoyens inoffensifs dont tout le crime consistait dans un nom, une croyance, une sympathie, et souvent même dans l'accusation de quelques misérables payés pour en faire métier? Mensonge! car ceux qui ont sauvé la patrie sont ces hommes qui, pour la plupart, n'avaient jamais touché un fusil et qui, sur nos frontières, ont combattu et sont morts en héros, tandis qu'on envoyait leurs amantes, leurs sœurs, leurs mères, à l'échafaud.

Ces hommes, que beaucoup d'écrivains estimés nous représentent comme possédant l'amour de la patrie jusqu'au fanatisme, étaient, à notre avis, pour la plupart, d'ambitieux scélérats disposés à se servir de tous les moyens pour s'emparer du pouvoir qu'ils eurent le soin de faire vacant. C'est dans ce but qu'ils s'appuyèrent d'abord mutuellement et se détruisirent ensuite successivement les uns les autres.

Cette manière de pallier leurs crimes, nous ne l'admettrons pas. Nous ne sommes point savant, mais nous croyons être logique. Est-il possible d'admettre que ces hommes, qui ne connurent jamais l'amitié, qui chassèrent de leur cœur l'a-

(1) Nous devons excepter de l'anathême général les Girondins et quelques autres conventionnels qui, bien que coupables à plusieurs chefs, se sont réhabilités à nos yeux par d'austères vertus, et par l'énergique opposition qu'ils firent au sanglant despotisme de leurs collègues.

mour de tout bon sentiment, de toute vertu, eussent élevé dans ce même cœur un culte fanatique à l'amour de la patrie, le plus abstrait de tous les amours ? Les dévoûments d'amitié sont nombreux, les patriotiques sont rares et n'ont jamais été accomplis que par des âmes en tout point vertueuses. Ceux que vous appelez fanatiques de patriotisme, nous les appelons, nous, fanatiques d'ambition dénaturée.

Il est une figure qui se détache, sinistre, de ce lugubre tableau. Il est un être qui a descendu le dernier échelon de l'infamie. La nature, par une monstruosité jusqu'alors sans exemple, lui avait donné avec la forme humaine tous les instincts du tigre. Cet être, député à la Constituante, n'avait qu'une intelligence vulgaire et semblait condamné à ne point sortir de la médiocrité. Il en fut ainsi dès le principe. Dévoré d'ambition, il se traîna à la remorque de tous les partis qu'il trahit tous sans remords, sans honte, jusqu'au jour enfin où de valeureux adversaires, se méprenant sur sa portée réelle, lui donnèrent une importance qu'il se hâta d'accepter et que son orgueil lui prêta la force de soutenir. Ses moyens de domination furent atroces. Jamais aucune fibre humaine ne vibra dans son cœur : l'amitié, l'amour, lui furent totalement inconnus. Sans pitié, sans miséricorde, il n'avait de vivant au dedans de lui qu'un immense orgueil et une incommensurable ambition. Il fut à la fois, et au suprême degré, féroce. lâche, ignoble. Il se tenait caché aux jours de dangers, et venait ensuite mendier à la populace des applaudissements pour des actes de hardiesse qu'il volait à quelqu'un de ses collègues. Il poussa la folie de l'orgueil à ce point de vouloir détruire Dieu pour le refaire à sa taille : il fit décréter l'existence de l'Être-Suprême, s'en déclara le pontife et prit sa part de l'encens qu'il fit prodiguer à son idole. Plus cruel que tous ses collègues réunis, il exploita en eux ce qu'il leur restait encore d'humain, et les extermina les uns par les autres. Il était enfin sur le point d'arriver à son but, c'est-à-dire, à établir sans partage son despotisme sur la nation, lorsque la Providence, fatiguée de tant d'horreurs, permit qu'il pérît par son propre système.

Et, comme pour mettre le comble à son infamie, ce lâche, qui avait tant tué qu'on aurait pu croire qu'il méprisait la mort, ne sut pas même mourir !

Et maintenant si vous désirez savoir le nom de cet être, demandez-le à ce peuple qui applaudit avec frénésie lorsque sa tête roula sanglante au pied de l'échafaud ; demandez-le à ces prisonniers qui se rattachèrent avec délire à leur existence qu'ils croyaient, qu'ils avaient le droit de croire à jamais terminée ; interrogez tous les vieillards, qu'ils soient ignorants ou instruits ; interrogez les populations des campagnes, si désertes qu'elles soient ; toutes les lèvres laisseront tomber avec dégoût ce nom à jamais exécré, à jamais maudit : Robespierre !...

Les républicains modérés et les conservateurs, que nous confondrons ici, puisque, d'une part, les conservateurs se disent républicains modérés, et que, de l'autre, les républicains modérés sont devenus conservateurs ; les républicains modérés et les conservateurs, disons-nous, constatent la maladie, mais n'ont pu trouver l'antidote ; ils se bornent à ordonner des palliatifs qui, loin d'améliorer la situation du malade, ne font que l'empirer.

Certes, nous n'approuvons pas ceux qui, par des exigences insensées, des déclamations furibondes, n'ont d'autre but que d'entraver les hommes du pouvoir actuel, leur rendant par là de plus en plus pesant le fardeau gouvernemental, déjà si lourd à supporter ; non : car, quoi qu'on puisse dire, quoi qu'ils puissent faire, leur politique, qui est celle des honnêtes gens, et la vigueur qu'ils ont montrée en repoussant la barbarie qui voulait nous envahir, leur ont acquis des titres à notre éternelle reconnaissance. Mais qu'il nous soit permis de leur demander, comme autrefois Dieu à Caïn : Républicains, qu'avez-vous fait de la République? La France révolutionnaire vous a confié le berceau de la Liberté, et, au lieu d'une femme forte, robuste, puissante, vous en avez fait une espèce de marquise-plébéienne frêle, pulmonaire, étique, qui, si elle n'est pas totalement inféconde, ne peut allaiter tous ses enfants, dont elle est obligée de mettre une partie en nourrice chez les Arabes.

La Liberté, dont la place devait être au foyer de chacun de nous, qui n'eût dû avoir d'autre sauvegarde que le respect et l'amour de tous, la Liberté, cette mère commune enfin, siége dans des palais, sous la soie et le velours de sa parente la monarchie! Comme elle, elle a ses chevaliers, ses courtisans, ses valets; elle ne peut marcher qu'appuyée sur des fusils, des canons, des soldats. Fille dénaturée, elle a comprimé l'auteur de ses jours (1); mère sans entrailles, elle se bouche les oreilles pour n'avoir point le déplaisir d'entendre les cris de douleur de ses plus malheureux enfants!

Dites-nous, franchement est-ce là ce misérable avorton que la France de Février saluait avec enthousiasme?

Nous le répétons, loin de nous d'accuser vos intentions; nous savons que vouloir n'est pas toujours pouvoir, en réforme surtout; mais tel est pourtant le présent : quel sera l'avenir?

Vous pensez que la reprise des affaires donnera satisfaction à tous les besoins, qu'avec l'industrie refleurira la nation. Nous croyons, nous, que juger ainsi notre époque c'est se tromper étrangement et se préparer d'amers regrets. La France n'a pas entendu seulement renverser la monarchie pour enter sur ses débris une présidence, remplacer des députés par des représentants. Non, non! la révolution de Février est une révolution toute sociale. Le peuple, non point cette vile populace des rues, à la solde de qui veut la payer,

(1) La presse.

mais le véritable peuple, a enfin compris que ses misères ne viennent pas de Celui dont la sollicitude s'est étendue jusqu'à l'insecte le plus infime. S'il ne les attribue pas aux riches, il en accuse, du moins, la vicieuse organisation de la société, et surtout son indifférence. Il veut redevenir le roi de la création, et non point rester le plus misérable des êtres. En 89, il réclamait sa part de liberté, il demande aujourd'hui sa part d'existence ; il reconnaît, sans arrière-pensée, les droits imprescriptibles des possesseurs ; il sait que l'harmonie sociale naît du contraste de la richesse et de la pauvreté, comme l'harmonie terrestre, des montagnes et des vallées ; mais il veut que désormais *pauvreté* ne signifie plus dénûment, et surtout il prétend rayer à tout jamais du dictionnaire le mot *mendicité*, qui n'eût jamais dû avoir d'acception française.

Quand des insensés ont voulu, les armes à la main, imposer à la nation des conditions inacceptables, le véritable peuple a combattu avec vous, il a béni vos succès et vous a donné toute sa confiance : à vous de la mériter. Songez qu'il a conquis dans le suffrage universel une arme inaltérable qui est à la fois une épée et un bouclier. Si vous êtes fidèles à votre mandat et au niveau de la tâche que vous avez acceptée, sa reconnaissance pour vous sera éternelle ; mais si vous ne répondez pas à son espoir, il se comptera, se déléguera, et comme en définitive il est le plus nombreux, il fera la loi lui-même.

La République, par le fait des hommes qui l'ont dirigée, ne s'est montrée jusqu'à présent à nos yeux que sous un jour fort peu propre à la faire adorer. Le vaisseau républicain de 93, construit avec les matériaux de la violence, lesté de crânes humains, fut lancé dans une mer de sang, où, après avoir tangué sous l'effort de toutes les tempêtes, il heurta le rocher du Directoire et vint sombrer dans les eaux du despotisme impérial. Faites, nous vous en supplions, faites qu'il n'en soit pas de même de la République de 1848 !

Un mot encore. Le système de migration pour l'Algérie, que vous avez adopté, outre ce qu'il a d'impolitique, puisque vous vous privez, au moment du danger, de généreux défenseurs, est le spectacle le plus déchirant pour un cœur républicain et chrétien.

Comment! la France républicaine est donc moins féconde que la monarchie que vous ne cessez pourtant d'invectiver; ou bien la prospérité d'une nation consiste-t-elle pour vous dans l'appauvrissement de sa population? Nous croyons au contraire qu'elle se constate par le chiffre progressif de ses habitants. Nous espérons vous prouver, tout-à-l'heure, que la France, qui ne peut pas maintenant donner place à 35 millions d'âmes, est susceptible d'en nourrir au moins 60 millions.

Ah! que n'ai-je eu le bonheur de siéger à la Chambre quand vous avez fatalement décrété la colonisation de l'Algérie! Je vous eusse montré ces braves populations ouvrières, murmurant dès le départ, bientôt écrasées, dans des solitudes, sous le poids d'un travail, honorable sans doute, mais trop lourd pour quiconque n'y est pas rompu dès le jeune âge. Je vous les eusse montrées étendues dans les champs, le cerveau enflammé par l'ardeur du soleil ou par le souffle plus terrible encore du *simoun*. Vous les eussiez vues tremblant de fièvre sur leur grabat, ou bien encore, tantôt mornes, tantôt folles de désespoir, le visage tourné vers la France, vers Paris, sans espoir de les revoir jamais, en proie à la nostalgie, à l'impitoyable nostalgie, maudire le jour de l'exil et lancer peut-être, du fond de leur cercueil, anathème sur la République et les républicains!!

Viennent ensuite les catholiques. Ce parti renferme, à travers une tourbe d'hypocrites, hommes à double masque, se drapant du manteau de la Religion pour parvenir à satisfaire leur étroit égoïsme, ce parti renferme presque toute l'élite des penseurs de la France. C'est là que se sont concentrés les royalistes de toutes les nuances, ces hommes pour qui l'objet aimé est cher même au-delà du tombeau, pour qui le serment n'est point un jeu, les croyances une dérision ; qui ont instinctivement horreur de tout changement et qui, à leur point de vue, voudraient sincèrement le bonheur de la patrie. On y voit en même temps l'altier prélat et l'honnête desservant de village, le fier et orgueilleux suzerain, comme le simple vassal ; le cœur vraiment humble et chrétien, comme le cœur bouffi d'orgueil et de préjugés ; les partisans du vœu général, comme les partisans du droit divin : mélange informe de bien et de mal, d'abnégation et d'orgueil, de dévoûment sublime et d'égoïsme sordide, de candeur admirable et de mensonge grossier.

Ces hommes, et remarquez que je ne parle ici que de ceux qui veulent sincèrement le triomphe du catholicisme et le bonheur de leur pays, ces hommes ont le tort d'être restés stationnaires ; le temps et les révolutions ont passé sur leur tête sans altérer en rien leurs idées. Non-seulement ils ne veulent point marcher en avant, mais ils voudraient encore nous reculer d'un siècle et nous ramener à l'heureux temps des tailles, des corvées, des jurandes, etc., témoin leurs organes, qui n'ont rien trouvé de mieux que le rétablissement des corporations pour résoudre le grand problème de l'*Organisation du travail*, cette pierre de touche contre laquelle sont venues se heurter et mourir jusqu'à présent les prétentions de nos *grands* socialistes.

Mais savez-vous, hommes de préjugés qui voulez le rétablissement des corporations, savez-vous ce que sont ces corporations ? C'est la création d'une aristocratie parmi les prolétaires ; c'est placer des maîtres où il ne doit y avoir que des égaux ; c'est une barrière infranchissable opposée au génie ! Les corporations ! mais c'est la chaîne d'airain qui part du berceau, étreignant, confondant dans ses triples anneaux et l'intelligence divine et l'idiotisme grossier, et va se river au pilori de la fatalité ! En effet, si l'enfant devenu homme sent de nobles instincts se développer en lui, son intelligence grandir, toutes ses facultés se porter vers un autre but ; si . obéissant à la mission qu'il aura reçue de Dieu, il veut franchir l'horizon dans lequel vous l'aurez fatalement placé ; c'est en vain qu'il se débattra sous les liens qui l'oppresseront ; la porte à laquelle il frappera restera fermée, et une voix rude et impitoyable lui criera au travers du guichet : Arrière !

Ah ! cessez, cessez de nous donner pour modèle la corporation des portefaix : belle et fraternelle institution en effet que celle qui fait, par l'arbitraire, d'un ouvrier un maître, lequel, d'une main armée d'un tarif, fait plier toutes les volontés sous la sienne, et, de l'autre, partage trois ou quatre fois, chaque jour, le fruit des sueurs de ses esclaves, sans qu'il ait pour lui l'excuse du moindre capital engagé !

Que répondez-vous, catholiques, aux masses affamées qui vous demandent du pain ? Que répondez-vous aux populations qui s'inquiètent de l'avenir ? A ces voix qui tonnent de toute part vous répondez : Ouvrez l'Evangile. Ne dirait-on pas, à vous entendre, que ce livre divin a disparu de la terre depuis dix-huit ans, et qu'il a été retrouvé d'hier seulement, écrit en hébreu que vous avez mission de nous traduire ? Ah ! je reconnais avec vous, et quel serait l'insensé qui ne dirait pas comme nous ! je reconnais avec vous que si l'on suivait les sublimes maximes du Christ, si ses divins préceptes régnaient sans partage sur la terre, nous ne serions pas où nous en sommes aujourd'hui ; mais les hommes de tous les temps sont-ils des anges ? Décrète-t-on l'abnégation, la charité ? Non, pas plus qu'on ne décrète la santé, la vie. Sera-t-il donc toujours vrai que le passé ne renferme aucun enseignement pour vous ? Mais si vous restez obstinément aveugles, nous avons la mémoire, nous. Qu'a produit la Rome catholique du moyen-âge ? Un Borgia, l'infame Alexandre VI,

qui soumettait toutes les consciences à ses incestueuses volontés. Qu'a produit l'Espagne sous Philippe II, alors que le
catholicisme était à son apogée? L'inquisition, ce monstrueux tribunal qui fit périr, en quelques années, plus de
victimes que n'en ont enlevé tous les fléaux réunis!... Et la
France, pour ne citer qu'un exemple, la France que vous
accusez aujourd'hui, n'a-t-elle pas vu, sous un roi du droit
divin, la St-Barthélemy, cette boucherie organisée au nom
du catholicisme! Et vous ne reconnaissez point là le doigt de
Dieu qui permit que le sang de tant d'innocentes victimes
sortît de la terre, qui l'avait reçu, pour étouffer ce tigre à
face humaine ayant nom Charles IX!

Cessez, cessez vos blasphêmes contre l'Université, et reconnaissez avec nous que chaque temps a produit ses misères,
que Dieu, dans ses desseins impénétrables, permet peut-être
pour notre enseignement.

Et vous, écrivains catholiques, vous dont la devise est
oubli et pardon, prêchez donc d'exemple, s'il vous plaît!
cessez, cessez d'injurier et de couvrir de boue une famille
que ses malheurs, à défaut de toute autre considération,
devraient vous rendre respectable. Ne vous rendez pas plus
longtemps les éditeurs, sinon les auteurs, d'accusations de
prétendus asservissements, de prétendus vols, que vous sa-
viez, qu'on vous a fort bien prouvé n'être que chimériques.
Il vous sied bien, vraiment, de parler de honte et d'asservis-
sement, vous qui ne vous êtes assis dans les fauteuils où vous
vous prélassez orgueilleusement aujourd'hui, qu'en foulant,
à la suite des étrangers, les ossements de vos frères, et en
prodiguant aux barbares de la *Sainte-Alliance* les derniers
écus d'un peuple aux abois! Oui! criez, criez au vol et à la
dilapidation, vous qui puez encore le cadavre *indemnitaire*
que vous avez dévoré en 1825!

Telle est la situation des différents partis qui se trouvent
actuellement en présence. Si ma critique est sévère, elle n'a

rien que de juste. Je n'ai point renversé mon encrier pour le remplir de fiel. Non, non, point de colère, point de haine ! dépouillons le vieil homme au pied du lit de douleur où se débat la patrie en danger de mort ; plus de républicains de la veille, plus de républicains du lendemain, et soyons pénétrés de cette vérité, qu'il n'était pas plus au pouvoir de ceux-ci d'empêcher l'avènement de la République, qu'il n'a été donné à ceux-là de la rendre grande et forte.

Eh quoi ! c'est lorsque, au mépris des traditions, des services rendus, des dévouements récompensés, vous rayez impudemment d'un trait de plume toutes les castes, tous les priviléges, que vous voudriez diviser en deux catégories les enfants de cette même République que vous déclarez une et indivisible ! Allons donc ! commençons par être conséquents. Soyons unis, soyons frères, mais frères par le cœur et non point seulement par le nom ; mettons en commun nos efforts, et que désormais il n'y ait plus en France que des républicains, comme il n'y a que des Français.

Et maintenant si, le scalpel de l'analyse à la main, passant à travers les nuages qui les environnent, nous pénétrons au cœur des différents systèmes des prétendus réformateurs de la société actuelle, nous les verrons, divergeant tout le long de la route, s'arrêter tous sur un point commun qui est comme une oasis au milieu des steppes dévastées de leurs utopies socialistes. Cette coïncidence, dis-je, doit nous frapper et nous prouver, à n'en point douter, que là, là seulement est la vérité.

Tous sont donc d'accord de demander pour l'homme l'émancipation matérielle ; comme complément de l'émancipation morale que le christianisme lui apporta il y a dix-neuf siècles ; ou, en d'autres termes, ils demandent pour les prolétaires la même place que les bourgeois, à force de travail et surtout d'économies, ont su se conquérir. Oui, et sur ce point nous sommes d'accord avec vous : vous voulez donner aux prolétaires la même garantie de stabilité et d'ordre que présente la bourgeoisie que l'on a tant honnie, bafouée, vilipendée, et que chacun devrait s'empresser d'imiter ; cette pauvre bourgeoisie qui supporte, sans se plaindre les plus lourdes charges de l'Etat, et qui répond par le silence aux invectives de ceux qui accolent chaque jour à son nom les épithètes d'impiété et de démoralisation ; comme s'ils oubliaient, ces furibonds rigoristes, que c'est à l'argent de la bourgeoisie qu'ils doivent tous les avantages de leurs sinécures !

Ah ! respectez, par pudeur, sinon par reconnaissance, cette bourgeoisie, la seule, l'unique planche de salut qui soit restée à la France pour repousser la barbarie qui voulait faire disparaître de l'Europe, et peut-être du monde entier tout vestige de civilisation. Cessez d'assimiler, et, passez-moi la trivialité de l'expression, en faveur de sa vérité, cessez d'assimiler cette force vitale de la nation au baudet que chacun rosse à tour de bras, tout en se servant de son dos pour traverser les sentiers dangereux et difficiles, impraticables sans lui !

Unanimes sur le but, nous les voyons de nouveau diverger quant à l'application des moyens qui doivent y atteindre. Ceux-ci nous renvoient tout simplement au bréviaire, ceux-là, Dieu sait où ! Les uns, empruntant tous les dehors de la charité la plus ardente, viennent, d'une voix mielleuse, nous demander le *droit au travail*, qui conduit à la spoliation, à la ruine complète.

Les raisons sur lesquelles on se fondait pour demander la reconnaissance de ce droit au travail, paraissaient, à première vue, si équitables, qu'il a fallu toute la lucidité des éloquentes paroles qui ont retenti du haut de la tribune nationale contre cette prétention, pour porter la lumière dans bien des consciences honnêtes, mais simples.

Qu'est-ce, en effet, que le droit au travail ? C'est l'obligation contractée par l'Etat de garantir à l'ouvrier, perpétuellement, et en toute saison, l'existence par le travail. C'est, vous en conviendrez, sauf l'injustice que vous commettez envers les autres classes de la société, une action réellement philantropique. Mais cette théorie peut-elle être appliquée? Non, non, mille fois non!

Admettez un moment cette déclaration inscrite dans notre Constitution; qu'arriverait-il? Les ouvriers qui, à tort ou à raison, seraient mécontents de leur patron; ceux qui ne pourraient ou ne voudraient plus travailler chez lui; les indolents, les fainéants, et malheureusement le nombre en est considérable, qui ne voudraient point s'astreindre à un réglement; les ivrognes, les débauchés, tous enfin déserteraient les ateliers privés, et viendraient, en vertu d'un droit, réclamer le travail que l'Etat se serait engagé à leur assurer, et l'Etat se verrait placé dans cette alternative : ou de les employer à un travail infructueux pour lui — les ateliers nationaux en sont une preuve irrécusable — ou de les renvoyer chez eux, en leur payant chaque jour le prix d'un ouvrage qu'ils n'auraient point fait. Or, en évaluant, au minimum, ce salaire à fr. 2, c'est absolument comme si chaque ouvrier possédait un capital de fr. 15,000, placé au 5 0/0. Mais qui rendrait propriétaires ceux qui ne possèdent actuellement rien? Comme il est prouvé en logique que rien ne vient de rien, il est évident que ce seraient ceux qui possèdent, les propriétaires actuels; admettez un pareil état de choses cinq, dix, quinze, vingt ans, où aboutiriez-vous? à la ruine générale, complète. Nous avions donc le droit d'écrire plus haut : Le droit au travail, c'est la spoliation, la ruine!

Les communistes sont plus sobres de formes : nouveaux Alexandre, ne pouvant délier, ils voudraient trancher le nœud-gordien. Mais nous leur répondrons, dans l'excès de notre indignation : Couper n'est point délier! Vos armes fratricides ont bien pu, peuvent bien encore entamer nos chairs, mais elles n'affaibliront point notre courage. La civilisation renaît de ses cendres ; chaque goutte de son sang versé enfante des guerriers qui bientôt vous auront muselés. Insensés ! vous ne savez donc pas que la propriété est sacrée, et qu'y porter la moindre atteinte serait mettre le feu à la mine qui engloutirait oppresseurs et opprimés !

Etrange aberration de l'esprit humain ! Remarquons, en passant, que ceux-là mêmes qui déclarent la propriété être un vol, font en même temps tous leurs efforts pour devenir propriétaires !

Vous le voyez, chers lecteurs, ces différents systèmes tournent tous autour d'un cercle dont le centre est une négation.

Mais est-ce à dire que, fermant les yeux et nous bouchant les oreilles, nous puissions nous renfermer dans un étroit optimisme, ou devons-nous, dans les convulsions du désespoir, regardant la tâche de l'homme comme accomplie ici-bas, laisser à la Providence seule le soin de décider de nos destinées ! Erreur et impiété ! « Aide-toi, nous a-t-elle dit, et il te sera aidé. » Le danger est grand, immense, imminent, mais devons-nous, à l'approche de la tempête, abandonner le pont du navire et le laisser à la merci des flots ? Non ! non ! multiplions au contraire nos efforts ; que le dévoûment de tous soit notre ancre de salut, et nous pourrons encore, dans des jours meilleurs, revoir le clocher du pays natal élancer, dans l'azur calme du ciel, sa flèche surmontée d'une croix, dorée par les rayons d'un soleil de printemps !

Pourquoi la civilisation, loin de tarir les maux de la société, n'a-t-elle fait qu'en raviver la source ? Pourquoi la civilisation, qui a enfanté tant de merveilles, est-elle impuissante à donner à l'homme le moindre adoucissement ? C'est que la civilisation a fait jusqu'ici fausse route. Elle a inscrit sur son drapeau l'égoïste « chacun pour soi. » S'appuyant sur une telle base, elle ne pouvait aboutir qu'à un abyme.

O vous, pauvres déshérités de la terre, vous qui, chaque jour, l'arrosez de vos sueurs et de vos larmes, et qui, en échange de vos tendres soins et de vos douces caresses, n'en recevez que des embrassements de marâtre ! O vous qu'on appelait autrefois les heureux, vous riches, puissants, hommes de cœur, de talent, de génie ! vous tous qui vous débattez dans les angoisses du présent et dans l'incertitude de l'avenir ! réunissez-vous, abjurez sincèrement toute défiance, toute haine, et soyez unanimes pour repousser l'orage qui gronde sur nos têtes ; rappelez-vous que nous sommes solidaires les uns des autres : la foudre du ciel s'enquiert-elle de la position sociale des individus qu'elle frappe ? Qu'une même ardeur nous anime, et alors, substituant à la vieille et fausse devise de l'égoïste « chacun pour soi », la maxime vraiment chrétienne et fraternelle du « tous pour tous », nous marcherons à la conquête de la Terre-Promise. La route n'en sera point fatigante et stérile, car la divine Providence s'est plue à y répandre l'eau et à y multiplier les ombrages !

Oui, on nous l'a dit avec raison, l'association est la voie par laquelle l'homme conquerra son émancipation matérielle, mais non point l'association telle qu'on nous l'a indiquée jusqu'à ce jour. Il est telle doctrine, par exemple, qui prend pour base l'égalité et la fraternité, mais qui méconnaît la liberté individuelle ; or, quiconque ne s'étaiera pas sincèrement et en même temps sur la *liberté*, l'*égalité* et la *fraternité*, n'édifiera rien de stable.

Oui, le « *tous pour tous* », résumant les trois mots évangéliques de liberté, égalité, fraternité, est le point d'appui sur lequel portera le levier qui doit soulever le monde !

Voyez : l'organisation sociale actuelle nous a plongés à ce degré de l'abyme, que nous en sommes venus à méconnaître les admirables desseins de la Divinité. En effet, de toutes les bouches, de toutes les plumes sort ce cri de détresse : l'hiver approche ! voici l'hiver ! Comme si l'existence du tra-

vailleur devait avoir pour mesure les degrés du thermomètre ;
comme si la Providence avait condamné l'homme à souffrir
plus dans une saison que dans l'autre ; comme si, en créant
la chaleur et les frimats, elle ne lui avait pas donné en même
temps et la toile légère, et l'épaisse fourrure !

Cessons d'imputer à la Providence des maux qui ne pro-
viennent que de nous-mêmes ; jetons-nous plutôt à deux ge-
noux pour la remercier de ce que, dans sa paternelle sollicitude, elle a fait succéder à l'ardeur des rayons du soleil,
nécessaires au développement des moissons, les rigueurs de
l'hiver qui, en détruisant les insectes et les gaz délétères
engendrés par la température caniculaire, réparent la santé
de l'homme et des animaux, et font élaborer dans le tronc
des végétaux cette sève dont la surabondance se traduit, au
printemps suivant, par des feuilles, des fleurs et des fruits !

Quel est donc ce dieu, ce messie, qui, respectant les positions, les fortunes acquises qui ne sont que la personnifi-
cation, la matérialisation des services rendus, du travail ré-
compensé, des économies sagement faites ; qui, respectant,
dis-je, tout ce qui existe aujourd'hui, tout ce que nous ont
légué nos pères, portera, dans les plis de sa tunique, la con-
solation pour les malheureux, la protection pour la veuve et
l'orphelin, la prévoyance pour les imprévoyants ; qui, maintenant les droits sacrés des propriétaires actuels, admettra à
partager l'héritage commun tous les membres de la grande
famille humaine, jusqu'ici déshérités ? Ce dieu, ce messie,
c'est vous, moi, tout le monde ; ce messie, ce dieu, c'est la
mise en pratique de la sublime devise : *Liberté, égalité, fraternité;* c'est l'acceptation franche et sincère du « *tous pour
tous.* » Oui ! je vous le dis avec l'autorité d'un cœur profondément convaincu, ce qui doit sauver la France, régénérer
l'Europe et de là le monde entier, réside dans un décret de
l'Assemblée nationale, qui devrait être ainsi conçu :

« Considérant qu'il est reconnu que l'organisation sociale
actuelle est vicieuse et susceptible d'être améliorée ;

« Que les besoins présents de la nation réclament impérieusement cette amélioration, non moins que son existence et sa dignité à venir ;

« Attendu qu'il est du devoir de tout représentant de rechercher, d'accepter tous les moyens d'assurer le sort de ses commettants, alors que l'efficacité de ces moyens lui en aura clairement, positivement été démontrée,

« L'Assemblée nationale, à l'unanimité de ses membres, décrète :

« Durant trente ans, qui commenceront à partir du... « 184... et finiront le... 18..., tous les Français âgés de dix-« huit ans accomplis, jusqu'à cinquante-cinq ans révolus, « sans exception *aucune* de sexe, ni de position sociale, « paieront, par jour, savoir :

« Les hommes 10 centimes.

« Les femmes 05 —

« Le mode de perception, de gestion et d'emploi des fonds sera réglé par une loi. »

Enfin voilà le grand mot lâché ! Je conçois, mes chers lecteurs, tout ce qu'une pareille proposition fait naître en vous de contradictoire. Je vois vos sourires de pitié, comme le froncement de vos sourcils indignés. Plaisant système, direz-vous, que celui qui s'appuie sur l'impôt ! allez donc prendre de l'argent dans la poche de ceux qui se plaignent justement de n'en point avoir ! Allez donc, rêveur insensé, passez votre chemin ! Votre préambule avait l'air de nous promettre la panacée, et voilà que vous aboutissez à l'impôt ! mais on a de tout temps usé et abusé de l'impôt, et voyez où nous en sommes !

Bravo ! mes chers lecteurs, bravo ! injurions, invectivons l'impôt en ce qu'il a d'abusif : je fais chorus avec vous ; mais cessez un instant le torrent de vos sarcasmes à mon adresse, et écoutez les quelques mots qui vont suivre :

Il n'est pas un de vous qui n'ait assisté quelquefois aux

travaux des agriculteurs. Lorsque vous les avez vus, en automne, jeter dans les sillons une faible partie du blé qu'ils avaient recueilli l'été, et qui, par sa multiplication, doit leur fournir la nourriture destinée à les substanter durant toute l'année, eux, leur famille et celle de leurs voisins ; dites-moi, est-il jamais venu à l'esprit de l'un de vous d'appeler cette semence un impôt payé à la terre ? Non, sans doute ; vous vous êtes toujours fort judicieusement dit : Il est juste que celui-là sème, qui veut recueillir. Eh bien, alors cessez d'injurier le système que je vous présente ici, car c'est la semence qui, en fructifiant, devra vous nourrir, non pas vous seulement, mais vos arrière-neveux, non pas un an, deux ans, mais toujours ! La terre demande des travaux persévérants et prend plusieurs saisons pour vous rendre, au centuple, il est vrai, la semence que vous lui avez confiée ; eh bien, mieux que la terre, ce système vous rendra également au centuple la semence primitive, mais sans travaux pénibles, ni sans qu'il soit besoin de délai.

Nous allons exposer notre projet, en faire ressortir les principaux avantages, et ils sont immenses ! nous répondrons ensuite à toutes les objections que l'on pourrait émettre contre son application. Mais, ne le perdez pas de vue, je vous le répète encore, j'ai pris pour base de mon travail la véritable mise en pratique de l'*égalité*, de la *liberté* et de la *fraternité*. Quiconque s'abrite sous ce bouclier devient invulnérable, et tous les coups qu'on peut porter contre cette armure céleste, quelque redoutables qu'ils soient, ne servent qu'à en faire ressortir encore davantage l'excellence de la trempe.

Et si, après m'avoir suivi jusqu'au bout, vous n'êtes pas convaincus de la vérité du remède que je vous propose, je n'hésite pas à le dire : tant pis pour vous ! vous serez doublement malheureux, car vous ne pourrez accuser personne autre que vous-mêmes d'être l'auteur de vos souffrances : vous aurez imité ainsi ce monarque qui, craignant toujours d'être empoisonné par son fils, ne voulut point se donner la peine de prendre les mesures nécessaires pour éloigner ce danger de sa personne, et aima mieux se laisser mourir de faim.

Développons maintenant notre nouveau plan d'organisation.

La population actuelle de la France, suivant les statistiques, est évaluée à peu près à 35,014,800 personnes, se divisant, les deux sexes compris, savoir :

De 1 à 18 ans.   14,605,800
De 18 à 55 ans.   17,381,700
De 55 et au dessus. . .   3,027,300

Total égal . . . .   35,014,800 âmes.

Il y aurait donc d'imposées, en vertu de la loi, les personnes comprises dans la catégorie de 18 à 55 ans, soit 17,381,700 individus, lesquels se subdivisent encore, savoir :

Hommes 8,690,850 payant 10 c. par jour,
    soit fr. 36 50 c. par an, formant une
    somme de   317,216,025
Femmes 8,690,850 payant 05 c. par jour,
    soit fr. 18 25 c. par an, formant une
    somme de   158,608,012

(1) Revenu annuel, fr.   475,824,037

(1) Ces calculs sont le plus rapprochés possible de la réalité. Il est reconnu qu'il naît plus de garçons que de filles. Le rapport de ceux-là à celles-ci est de 17 à 16. Nous n'en avons point tenu compte, parce que nous avons préféré rester au dessous qu'au dessus du résultat; d'ailleurs, ainsi qu'on le verra plus loin, ce résultat lui-même n'est que figuratif. Qu'il y ait une légère différence dans l'estimation par âges de la population, ou dans celle des quotités, peu importe; c'est le principe seul du système que nous constatons et non point principalement le résultat.

Lequel revenu annuel de fr. 475,824,037, portant intérêt au 5 0/0 ; revenu et intérêts cumulés pendant 29 ans, donne, au bout de 30 ans, un capital définitif de fr. 31,612,719,338. produisant lui-même un revenu annuel, intérêt toujours au 5 0/0, de fr. 1,580,635,967.

Etablissant, pour notre gouverne, l'accroissement successif, année par année, de la rente annuelle de fr. 475,824,037, nous aurons (supposons le décret en vigueur dès le 1er janvier 1849),

Au 31 décembre 1849, fr. 475,824,037
Au 31 décembre 1850, fr. 475,824,037 revenu de 1849.

23,791,242 { intérêt d'un an au 5 0/0 sur le revenu de 1849, du 31 décembre 1849, au 31 décembre 1850.

475,824,037 { revenu de 1850, totalement encaissé au 31 décembre.

SOIT AU 31 DÉCEMBRE

1850	F.	975,439,286	1865	F.	12,295,212,198
1851		1,500,035,287	1866		13,385,796,845
1852		2,050,861,088	1867		14,530,910,724
1853		2.629,228,179	1868		15,733,280,297
1854		3,236,513,625	1869		16,995,768,349
1855		3,874,163,343	1870		18,321,380,803
1856		4,543,695,547	1871		19,713,273,880
1857		5,246,704,361	1872		21,174,761,611
1858		5,984,863,616	1873		22,709,323,728
1859		6,759,930,834	1874		24,320,613,951
1860		7,573,551,413	1875		26,012,468,685
1861		8,428,053,020	1876		27,788,916,156
1862		9,325,279,708	1877		29,654,186,001
1863		10,267,367,730	1878		31,612,719,338
1864		11,256,560,153			(1)

(1) Avant d'aller plus loin, il est nécessaire d'entrer dans quelques explications indispensables. Comme on vient de le voir, la capitalisation pendant 30 ans de fr. 475,824,037, amenant au bout de ce terme l'énorme somme de fr. 31,612,719,338, a été établie de la même manière que pourrait le faire un capitaliste jouissant du même

Nous avons dû, en vertu de l'égalité, rendre la contribution uniforme : charges égales pour le riche comme pour le pauvre ! libre à celui-là d'augmenter sa quotité, on lui devra alors de la reconnaissance ; mais ce ne doit point être obligatoire. Maintenant, en vertu de la fraternité, voici de quelle manière nous établirions les charges des *travailleurs*.

Hommes touchant un salaire quotidien de fr. 3 et au dessus :
les 10 c. à leur charge.

Hommes touchant un salaire quotidien de fr. 2 à 3 seulement :
05 c. pour eux, 05 c. pour les patrons.

Hommes touchant un salaire quotidien de moins de fr. 2 :
les 10 c. à la charge des patrons.

Femmes touchant un salaire quotidien de fr. 1 25 et au dessus :
les 05 c. à leur charge.

Femmes touchant un salaire quotidien de moins de fr. 1 25 :
les 05 c. à la charge des patrons.

revenu, ayant toujours l'emploi de ses fonds à l'intérêt du 5 0/0, et ne distrayant pas un centime de son capital annuel. Or, il est clair qu'on peut arriver à ce résultat, et même plus loin, par différents moyens. Exemple :

Un individu fertilise un morceau de terrain jusque là en friche. Supposons que la mise en plein rapport de cette terre n'arrive qu'au bout de quatorze ans, après avoir coûté fr. 1000 de frais de défrichement, de dessèchement, d'engrais, etc., et qu'au bout de ce terme le revenu annuel de ce champ se trouve être de fr. 100. La valeur du sol sera donc de fr. 2000, toujours en calculant l'intérêt au 5 0/0. Or, comme mille francs, placés au 5 0/0 et capitalisés, demandent un délai de quatorze ans soixante-quatorze jours pour être doublés, il est clair que le cultivateur ci-dessus sera arrivé, par la mise en rapport de son champ, au même résultat qu'il eût obtenu en capitalisant les mille francs qu'il aura dépensés ; avec cette différence pourtant, qu'il lui faudrait verser cette somme tout d'une fois, tandis que le travail agricole ne lui prend la même somme que peu à peu et par fractions excessivement petites. — Cela est trop évident pour subir la moindre discussion.

Pour les indigents, les 10 c. à la charge des départements respectifs.

Pour les militaires, les 10 c. à la charge de l'Etat. (1)

Le versement de toutes les quotités devrait, obligatoirement, s'effectuer le 15 de chaque mois, entre les mains d'agents à ce préposés et dont il sera question à l'article : *Organisation de l'Institution.*

Supposons maintenant cette loi en vigueur depuis le 1er janvier 1849, et religieusement observée pendant les trente ans que nous avons demandés, nous arriverions au 31 décembre 1879 avec un capital de plus de 31 milliards, produisant un revenu annuel de fr. 1,580,635,967. (2)

(1) Je n'ai fait mention ici des indigents que pour ne point paraître les avoir oubliés. On verra plus loin que cette classe disparaîtrait dès la mise en application du présent système; car non-seulement il n'y aurait plus, mais il ne pourrait plus y avoir d'indigents. De là, double économie pour les départements : Economie positive et économie négative.

Economie négative; car, sans indigents, les 10 c. portés par le décret à leur charge seraient non avenus.

Economie positive; car, sans indigents, plus de dépôts de mendicité et partant suppression complète des dépenses à ce actuellement affectées.

Quant à la dépense de l'Etat, en ce qui regarde les militaires, ce serait, en admettant le chiffre d'une armée effective de 400,000 hommes, une dépense de 40,000 francs par jour ou soit de 14 millions 600,000 francs par an, chiffre bien mince, si l'on met en regard les sacrifices qu'il fait journellement pour venir en aide à des souffrances qu'il ne parvient jamais qu'à pallier. Ce ne serait point non plus une dépense nouvelle à ajouter à celles qui existent actuellement au budget. On verra plus loin par quels immenses avantages, par quelles immenses économies ces 14 millions seraient compensés.

(2) Une note explicative est encore nécessaire ici. Je n'ai commencé à faire porter l'intérêt sur le revenu annuel de fr. 475,824,037 qu'à partir de chaque fin d'année; c'est-à-dire que le revenu de

Cette somme servirait à payer une pension de retraite à tous les individus compris dans la catégorie de 55 ans et au-dessus, laquelle catégorie se compose, ainsi que nous l'avons vu plus haut, de :

Hommes   1,513,650

Femmes   1,513,650

Ensemble   3,027,300 personnes.

Duquel nombre nous aurions à déduire tous les individus jouissant d'une retraite payée par l'Etat, dépassant 1,500 fr., et toutes les personnes aisées qui renonceraient volontairement à leur droit. Nous évaluerons le nombre des personnes qui n'entreraient point en participation, à :

1/15e pour les hommes, soit   100,910 personnes.

1/25e pour les femmes, soit   60,546   —

Il resterait donc définitivement à pensionner :

Hommes 1,412,740 à raison de fr. 540 par an, soit . . . . F. 762,879,600

Femmes, 1,453,104 à raison de fr. 360 par an, soit . . . . F. 523,117,440

Total 1,285,997,040

1849, par exemple, n'a été calculé portant intérêt qu'à partir du 1er janvier 1850, et ainsi des autres années. Or, comme nous l'avons dit, chaque versement s'effectuant de quinze en quinze jours, soit par 24es, il est évident que le produit de ces vingt-quatrièmes, placé à mesure de rentrée, produirait, au 31 décembre de chaque année, une somme qui ne serait pas moindre de fr. 11,350,000. Je n'ai pas voulu la faire entrer comme accroissement de capital, afin de parer à toute éventualité, et d'avoir une somme de réserve pour exécuter certaines améliorations utiles, mais improductives. Si nous ne la faisons point entrer en accroissement de capital, nous devons cependant l'ajouter à notre revenu annuel, puisqu'elle existerait réellement. Nous l'appellerons donc *réserve d'intérêts*. Nous la ferons bientôt, sous ce nom, figurer en ligne de compte.

En déduisant cette somme de notre revenu annuel, augmenté de la somme que nous avons indiquée plus haut sous le nom de *réserve d'intérêts*, nous aurons encore un excédant de recette sur les dépenses, de f. 305,988,927. Nous verrons plus loin à quel emploi cet excédant serait appliqué.

A partir de 1879 il y aurait donc perpétuellement en France 2,865,844 personnes qui, arrivées à l'âge de 55 ans, pourraient se retirer du travail, et qui, à défaut de toute autre ressource personnelle, se trouveraient, non point dans l'opulence, mais à l'abri du besoin. Le but de tout travailleur est évidemment celui-ci : pouvoir, après une carrière laborieusement remplie, avoir du pain dans ses vieux jours, et n'être point obligé d'aller mourir à la Charité, quand on a le bonheur, peu commun encore, d'y être admis. Voilà ce but atteint ! Le travail désormais, quelque pénible qu'il fût, serait, non point supporté, mais accompli avec joie. N'aurait-on pas sans cesse présent devant soi le port, dont chaque heure rapprocherait ?

F. 540 représentent un capital de fr. 10,800.

F. 360 représentent un capital de fr. 7,200.

Combien voyons-nous, de nos jours, de travailleurs, soit de corps, soit d'esprit, atteindre à un pareil résultat ? Encore arriverait-on là à 55 ans, alors que pour beaucoup le déclin commence à peine !

Voilà, vous en conviendrez, un résultat assez beau, d'autant plus beau qu'il dépasse l'espérance, l'exigence, si vous voulez, de ceux qui sont aujourd'hui le plus difficiles. Mais sont-ce là tous les avantages de notre système ? Oh ! non, ne le croyez pas ; c'est, j'ose presque dire, le moindre de ceux qui doivent forcément en découler, et ils sont innombrables.

Vous ne m'avez pas fait, je pense, l'injure de croire que je voulusse enlever chaque année de la circulation près de 476 millions, pour arriver, au bout de 30 ans, à l'énorme

somme de 34 milliards et demi ! En agissant ainsi, on amènerait la ruine presque générale ; car cette somme, ainsi im-
mobilisée, aurait été prélevée sur les valeurs aujourd'hui
existantes, et, quelque riche que soit la France, elle ne pourrait supporter sans désastre un pareil prélèvement. Notre
projet aussi, loin d'être alors un soulagement, une régénération, ne serait que la spoliation des uns au profit des autres, et, par ce motif, justement réprouvé. Aurions-nous
d'ailleurs réalisé notre devise, qui est et doit être essentiellement : Liberté pour tous, égalité de tous, mais surtout
fraternité envers tous ? Non ! non ! si la vieillesse a justement droit à nos égards, toutes nos sympathies sont également acquises à l'enfance ; mais ne nous bornons point à
visiter seulement le berceau et la tombe de l'homme ; une
main paternelle doit encore guider l'adolescent dans les rudes
sentiers de la vie ; nous devons fournir à chaque pèlerin, au
début du voyage, en même temps que le bourdon qui sou-
tiendra ses pas, le baume pour adoucir les trop cuisantes
blessures, inévitables dans un chemin bordé d'épines et de
ronces !

Faisons en sorte que la quotité quotidienne de chacun ne
soit onéreuse pour aucun ; faisons en sorte qu'elle ne soit
point une dîme prélevée sur les moissons, mais au contraire
l'engrais qui doit les fructifier ; faisons en sorte enfin que ,
loin de s'opposer à cette contribution, l'intérêt de tous soit
attaché à son établissement et à sa religieuse observation.
Etrange paradoxe ! direz-vous ; étrange peut-être, mais pourtant bien vrai : vous ne tarderez pas d'en être convaincus.

Il demeure donc convenu que nous ne voulons point im-
mobiliser nos revenus annuels ; puisque, ainsi que nous ve-
nons de le voir, nous ne pourrions édifier que sur des ruines
particulières. Les moyens que nous prendrions pour arriver
à nos 34 milliards (je ne donne ce résultat que parce que tout
calcul doit en avoir un ; mais il est incontestable que nous

posséderions au bout de trente ans une somme beaucoup plus élevée), les moyens que nous prendrions, dis-je, donneraient une solution à tous les besoins du présent et de l'avenir. Les besoins du présent et de l'avenir se sont traduits à la tribune par la demande de *la reconnaissance par l'Etat du droit au travail*. Cette requête, vu l'état de notre organisation sociale actuelle, était subversive : elle a été fort sagement repoussée. Eh bien, l'application de notre système produirait, non-seulement tous les avantages qu'on attendait du droit au travail, mais une foule d'autres encore : vous en jugerez.

Il est une vérité que l'on a de tout temps méconnue, et aujourd'hui plus que jamais : c'est qu'il n'y a de réelle, de véritable richesse que celle qui vient du sol. L'or, l'argent, toutes les valeurs autres qui existent et qui constituent l'opulence des nations, ne sont que des signes de convention et partant de nulle valeur intrinsèque. Les millions de l'opulent ne forment une fortune, que parce qu'il est convenu qu'avec eux on peut se procurer tout ce dont on a besoin. Admettons qu'un Crésus eût tout son avoir en espèces, et que, du jour au lendemain, par une cause quelconque, le numéraire n'eût plus cours : de quoi lui serviraient ce qu'on appelle aujourd'hui ses richesses ?

L'homme tire donc la satisfaction de ses besoins, comme ses jouissances, des seuls produits de la terre. D'où viennent ces mets délicats qui chargent la table du riche, ces belles étoffes dont il recouvre ses membres, ces magnifiques tapis qui couvrent ses parquets, ces bois qui, façonnés par l'artiste, ornent ses appartements ? Ces mets, ces étoffes, ces tapis, ces bois, tout enfin vient directement de la terre, ou des animaux nourris par elle.

La tutelle de l'homme envers la terre est bien réelle : sa puissance ne va pas jusqu'à créer un grain de blé !!

Pour ceux qui n'auraient pas bien compris, j'ajouterai l'exemple suivant, d'une vérité saisissante :

Supposez un instant que tous les agriculteurs s'entendissent une année pour ne recueillir de denrées et n'élever de bestiaux que tout juste ce qu'il leur faudrait pour leur subsistance et celle de leur famille ; quel serait le sort du reste des hommes ? Ils se verraient, dans un bref délai, fatalement condamnés, malgré leurs monceaux d'or, à périr de faim et de misère !

Pareille chose arriverait si la Providence ne prenait soin de faire fructifier nos travaux ; si elle n'ordonnait au soleil, cet agent, visible pour nous, de sa paternelle sollicitude, de communiquer à l'eau la fluidité de ses rayons, et à l'atmosphère leur vivifiante chaleur.

O qui que nous soyons, quelque langue que nous parlions, quelle que soit notre croyance, soyons convaincus qu'il est un être supérieur qui préside à nos destinées et jugera nos actions ! Sa justice sera indulgente pour nos fautes personnelles, mais impitoyable à l'égard de ceux qui n'auront répondu que par l'indifférence ou le mauvais vouloir à l'assistance que leurs semblables réclamaient d'eux, alors qu'il aura été clairement établi qu'il était en leur pouvoir d'adoucir leurs souffrances !

L'agriculture est donc la plus noble, la plus belle des professions. Eh bien ! la civilisation s'est fourvoyée à ce point de confier les sources de la vie à la plus inepte des incapacités ! Depuis des siècles l'art divin de l'agriculture est regardé avec un dédain approchant du mépris. La superbe des monarques, des grands et même des classes moyennes, n'a pas daigné se traduire aux populations affamées des campagnes par la faveur même du morceau de pain qu'on jette aux chiens des villes ! Pour les populations rurales il n'a pas même été institué ces établissements de secours que les citadins seuls connaissent sous le nom d'hospices de la Grande-Miséricorde. Etrange anomalie ! ceux-là mêmes de qui vient tout, meurent privés de tout !

Aussi, par une réaction naturelle, inévitable, tous ceux qui ont senti dans leur cerveau une étincelle d'intelligence, et dans leur cœur un peu d'énergie, ont peu à peu brisé la chaîne. Ils se sont réfugiés dans les cités, sans prendre garde qu'elles étaient trop étroites pour les recevoir. Le vaisseau de l'Industrie, qui cinglait à pleine voile vers la conquête du monde, ainsi surchargé, a bientôt été obligé d'imposer la ration à son équipage; il s'en est suivi alors le mécontentement, les murmures, puis l'insurrection avec son cortége obligé : le meurtre et la cruauté!

La déplorable situation de la société actuelle n'a pas d'autre cause que ce déplacement anormal de bras; ne l'imputez pas plus longtemps à la démoralisation et à l'impiété! L'homme naît bon et vertueux, Rousseau a dit vrai en cela : permis aux consciences méticuleuses de le nier! Nos vices, comme nos vertus, ne dépendent presque toujours que de l'atmosphère dans laquelle nous vivons.

Si donc nous en sommes arrivés à trembler pour le présent et à mesurer avec effroi l'avenir, la cause, l'unique cause, vient de ce que la place où devraient s'élever de vastes et solides métairies, est déserte, ou occupée maintenant par de misérables chaumières souvent désertes aussi; c'est que là règnent, avec une incroyable intensité, l'ignorance et la superstition, fruits de la misère, où devraient rayonner le talent, le génie et la vertu!

A quel degré de grandeur, de prospérité, n'eût pas atteint l'agriculture, et avec elle toutes les autres professions, si les Bernardin de St-Pierre, les Buffon, les Lacépède, les Cuvier et tant d'autres célébrités eussent été de simples agronomes!

L'Assemblée nationale a voté la création de fermes-écoles départementales : c'est une amélioration sans doute, mais trop anodine. Si vous ne substituez pas peu à peu à ce qu'on appelle aujourd'hui les agriculteurs, des hommes nouveaux et instruits, il vous faudra des siècles pour leur arracher une à une leurs croyances routinières, et encore il n'est point prouvé que vous puissiez y parvenir entièrement. Allez donc parler des probabilités de la théorie à ceux qui nient bien souvent, et avec l'obstination de la stupidité, jusqu'à l'évidence de la pratique !

Ce n'est pas seulement avec de bons praticiens qu'il vous faudrait peupler les campagnes, mais encore avec des novateurs. La physique, la chimie, l'histoire naturelle, la géométrie, l'arpentage, la mécanique, la thérapeutique, l'hygiène, toutes les branches des connaissances humaines enfin, qui sont un ornement à peu près superflu pour la plupart des citadins, trouveraient une application immédiate dans l'agriculture, et la feraient en peu de temps arriver à la prééminence sur tous les autres arts, ainsi qu'il aurait toujours dû, qu'il devrait en être aujourd'hui. Si vous ne refoulez bien en arrière les préjugés reçus; si vous ne placez point l'agriculture de manière à ce qu'il ne soit pas moins honorable, ni plus difficile de parvenir à la fortune en exerçant cette profession que toute autre, parviendrez-vous jamais à faire habiter les champs par l'intelligence et le génie? La simple création de vos fermes-écoles atteindra-t-elle ce but? Il est permis d'en douter.

Cette vérité étant bien établie, « que la richesse provenant du sol est la seule richesse positive, toutes les autres, « ainsi que nous l'avons dit, étant négatives; qu'augmenter « la production foncière d'une nation, c'est accroître d'autant « son bien-être réel, » nous emploierions nos 476 millions annuels à des créations agricoles.

Avez-vous peur que la France ne suffit pas pour absorber notre énorme capital, et que nous arrivassions forcément à la spoliation des propriétaires actuels? N'ayez donc point cette crainte. Le capital agricole, mobilier et immeubles, est actuellement d'environ 50 milliards, mais vous le décupleriez, le centupleriez, en défrichant des landes, en desséchant des marais, en multipliant des troupeaux, en couvrant la France de rails-ways, de canaux, en rendant, par les encaissements, les petites rivières navigables, créant par là des débouchés à une foule de produits jusqu'ici sans valeur ; en employant à l'irrigation ces innombrables cours d'eau dont la richesse a toujours été perdue ; en plantant des vergers ; en élevant dans les solitudes actuelles de petites maisons simples et commodes, qui seraient vendues ou louées à des bourgeois qui viendraient y chercher la santé et le repos. Ainsi les goûts simples de la campagne s'introduiraient dans les villes, et l'urbanité des villes se communiquerait aux campagnes.

Est-il besoin d'ajouter à cela les prêts hypothécaires soit aux agriculteurs, soit à l'industrie privée ? Parlerons-nous encore des valeurs immenses qui surgiraient tout-à-coup si, abattant les vieux et sales quartiers des grandes villes, on élevait à leur place, dans de grandes et belles rues, de magnifiques maisons ?

Vous le voyez : l'air ne nous manquerait pas. (1)

Tel est le grand fleuve de la prospérité que nous creuserions en France et auquel viendraient aboutir une multitude d'affluents ; car si vous couvriez le pays de chemins de fer et de canaux, si vous reboisiez des montagnes, si vous desséchiez des marais, si vous renouveliez des villes, si vous éleviez de gigantesques constructions, etc., ce ne serait plus le travail qui manquerait aux bras, mais les bras qui manqueraient au

---

(1) L'intérêt des sommes prêtées sur hypothèque par l'Institution aurait un maximum de 5 0/0, mais pourrait varier du 4 au 3 et même au 2 0/0, suivant l'état de prospérité de l'Institution. Ne pensez-vous pas, comme moi, qu'on arriverait par là à l'extirpation de l'usure, cette hideuse lèpre actuelle, beaucoup mieux que n'aurait pu le faire la création des banques et du papier-monnaie hypothécaires, tant réclamés par nos modernes socialistes ? Quant à moi, et qui donc ne dirait pas ainsi ? je crois qu'on ne peut mieux tuer d'un seul coup, et à tout jamais, usure et usuriers.

travail : non-seulement vous ne repousseriez pas l'ouvrier étranger, mais vous seriez obligés de l'appeler à votre aide, car vous seriez évidemment insuffisants pour tout créer, tout construire.

Vous voyez bien que ce n'est pas en frappant des écus, ni en créant du papier-monnaie qu'on peut obtenir de si magnifiques résultats, mais seulement par la simple organisation de la richesse actuelle.

Comprenez-vous maintenant qu'au lieu du 5 0/0 que nous avons supposé devoir nous produire nos capitaux employés, nous pussions arriver à 10, 15, 20 0/0 et même plus haut ?

Voilà donc du travail assuré aux valides en tout temps et en toute saison, et avec le travail naît, sinon l'aisance, du moins le nécessaire ; pensons maintenant aux orphelins, aux veuves et aux infirmités prématurées.

Il serait créé d'abord, et avant toute autre chose, dans chaque arrondissement ou département, deux vastes établissements (un pour les garçons, l'autre pour les filles), où seraient nourris sans rétribution aucune et jusqu'à l'âge de 15 ans, les enfants pauvres qui auraient perdu leur père et leur mère, ou leur mère seulement. Ces enfants recevraient, en même temps qu'une éducation religieuse et élémentaire, une éducation professionnelle.

Les instituteurs existants lors de la création de ces pensionnats, et régulièrement pourvus d'un diplôme, seraient, de droit, admis, sous garantie de moralité, à en faire partie.

C'est parmi les plus instruits de ces enfants qu'on prendrait principalement ceux qui devraient faire partie des écoles théoriques et pratiques d'agriculture qui seraient aussi instituées. Dès leur admission à ces écoles, les élèves seraient logés, nourris, habillés et élevés gratis.

Les veuves besogneuses seraient, de droit, employées dans ces établissements ou partout où leurs services pourraient être reçus. S'il arrivait que le nombre des demandes fût plus considérable que celui des emplois à donner, elles recevraient journellement une rétribution calculée de manière que, jointe au salaire qu'elles pourraient gagner dans l'industrie privée, elles eussent de quoi vivre honorablement.

Tous les individus des deux sexes sans ressources suffisantes, qui, avant d'avoir atteint 55 ans, et par une cause quelconque indépendante de préméditation, seraient hors d'état de gagner leur vie, seraient reçus de droit dans des établissements à eux spécialement affectés. Ceux qui ne seraient point totalement invalides devraient être occupés à des travaux faciles, appropriés à leur force, mais productifs pour l'Institution. Quant aux autres, une occupation intellectuelle devrait remplacer le travail matériel et prévenir les funestes conséquences inhérentes à l'oisiveté. Arrivés à 55 ans, ils auraient également droit à la retraite de leur sexe respectif. Ils pourraient alors vivre à leurs frais dans les établissements ou en sortir : à leur choix. Nous disions donc vrai : plus d'indigents !

Nos 306 millions d'excédant serviraient à l'entretien de tous ces établissements et à toutes autres dépenses nécessaires, mais improductives.

Voilà donc l'existence de l'homme assurée dans toutes les phases de la vie : magnifique résultat obtenu, non par la charité qui humilie, mais par le travail qui glorifie !

Comprenez-vous le sublime spectacle d'un travailleur qui, animé d'un saint orgueil, passant devant des monuments splendides où fleurirait l'industrie, des champs couverts de riches moissons, pourrait se dire : Tout cela est à moi ! le grain qui, sous son poids, fait plier ces épis jaunissant, servira à nourrir ceux de mes frères qui ont semé, en attendant que mon tour vienne de recueillir ! Oh ! s'écrierait-il dans son enthousiasme, venez à moi, riches, puissants, hommes de talent, de génie, venez à moi avec confiance : qu'avez-vous à craindre ? Je n'envie point vos richesses ni la splendeur de vos

demeures ; car si , par un labeur pénible , j'arrose la terre de
mes sueurs , le repos entre avec moi dans ma mansarde, tandis qu'il fuit souvent l'oreiller moelleux ; si mes journées
s'écoulent dans un travail incessant , les vôtres ne sont-elles
point remplies de vicissitudes et de dégoût? Oh! venez à
moi sans crainte ; désormais plus de catégories, plus de castes : ne sommes-nous pas tous les enfants d'une même patrie ?
Quelle reconnaissance ne vous dois-je pas, à vous littérateurs,
hommes d'Etat, poètes, magistrats, guerriers, à vous tous,
hommes de toutes conditions , qui avez travaillé sans relâche
à l'illustration de votre pays! Et si mon cœur bondit d'enthousiasme dans ma poitrine au seul nom de la France, n'est-ce pas parce que vos travaux l'ont faite si grande, qu'il est
si glorieux d'en être les enfants !

Les coupons représentant les 5 milliards de la dette publique seraient également acquis par l'Institution ; car, indépendamment du danger qu'il y a pour une nation d'avoir des
étrangers pour créanciers, nous arriverions par là à réformer
un abus monstrueux qui existe aujourd'hui.

Les Bourses sont, pour une partie de la société, ce que
sont les maisons de jeu pour sa totalité : le nom seul en fait
la différence ; mais, dans les unes, comme dans les autres ,
les honnêtes gens, les *simples*, comme on les appelle ironiquement, sont toujours dupés. Les exploitants de celles-ci
s'appellent des fripons , tandis que les autres sont pompeusement dénommés les *princes*, les *roués de la finance*, et, en
cette qualité , à l'envi reçus, honorés, considérés et bientôt
canonisés !

A terre tous les masques ! et appelons une bonne fois les
choses par leur véritable nom. Pourchassons les abus, qu'ils
soient nobles ou roturiers! Il ne doit pas plus être facultatif
de se ruiner dans un jour, qu'il ne doit être permis de s'enrichir dans une heure. En supprimant le trafic des rentes, ce
premier nerf de la spéculation , nous aurons travaillé encore
au bonheur général.

Je pense avoir jalonné la route du progrès de manière à rendre sa construction facile aux hommes compétents ; mon travail pourrait donc s'arrêter ici ; mais j'ai promis d'aller au-devant de toutes les objections, et, quelque ennuyeux que cela puisse paraître, j'accomplirai ma promesse. Dans une question de l'importance de celle que j'ai entrepris de traiter, il vaut mieux s'exposer à se répéter, que de laisser dans les nuages du laconisme des points essentiels ; laconisme qui serait exploité par les intéressés et les gens de mauvais vouloir qui pullulent dans tous les partis.

La réponse à toutes les objections sera contenue dans les pages suivantes, où nous allons examiner si l'application de notre système serait un bienfait à tous les points de vue sous lesquels on voudra se placer. Avant d'aller plus loin, constatons cette vérité : « Avec une organisation vraiment fraternelle, il n'est pas une amélioration apportée directement à une classe de la société, qui ne rejaillisse indirectement sur toutes les autres. » Cette vérité bien convenue nous dispensera d'entrer dans de fastidieuses redites.

Donc, l'application de notre système serait-elle une amélioration :

Au point de vue de la justice ? — Ne serait-ce point étendre à toutes les classes de la société la sollicitude que l'Etat n'a montrée jusqu'ici qu'aux employés d'administrations ? Ce serait d'autant plus juste que la nouvelle taxe n'atteindrait au maximum qu'au 4 0/0 des salaires, au lieu du 5 0[0 ; d'autant plus juste que les nouveaux avantages réalisés dépasseraient considérablement les anciens.

Au point de vue national ? — Il est évident qu'en organisant le pays de cette manière vous couperiez l'herbe sous les pieds des fauteurs de révolutions ; car les révolutions du peuple ont toutes un but d'amélioration sociale, et non point politique, quoi qu'on puisse en dire. Que lui importe, à lui, que ce soit tel ambitieux qui commande ou tel autre ! dans son impitoyable logique, il place tous ses gouvernants à peu près au même niveau. Il sait depuis longtemps ce qu'il doit attendre de la plupart des hommes revêtus de cette qualité. Tant que le commerce va son train, et avec lui le travail, il rit sournoisement ou se moque tout à son aise de ceux qui, soit qu'ils se disent tombés directement du ciel, soit qu'ils se soient arrêtés en chemin dans la boue des estaminets, font niaisement parade de leur dévoûment à ses intérêts : il mesure assez ordinairement son estime en raison inverse de leurs émargements, et se laisse même assez bénévolement appeler frère, lui qui n'a quelquefois que tout juste 15 sous pour souper, par ceux qui, sans vergogne, souillent de leur impur contact l'or et les tapis des palais édifiés avec le fruit de ses sueurs ! mais que le pain vienne à lui manquer tout-à-coup : l'agneau devient tigre ; il brise, renverse, détruit, sans s'inquiéter s'il s'ensevelira ou non sous les décombres !

Quel est donc l'homme qui, pertinemment convaincu que son bonheur présent et à venir, celui de sa famille, dépend uniquement de la religieuse observation des lois que lui-même aurait faites par l'entremise de ses représentants, quel est, dis-je, celui qui songerait jamais à les renverser, tant qu'elles auraient été basées sur la justice et la fraternité ?

Mais admettons un moment que, par l'impéritie ou plutôt par le mauvais vouloir de nos futurs gouvernants, une révolution politique quelconque eût lieu ; qu'arriverait-il ? Prenons pour exemple la révolution de Février ; supposons qu'elle eût trouvé le pays organisé selon notre système : que de désastres, que de maux n'aurions-nous pas évités ! A part la crise financière, inséparable de toute révolution, qu'y aurait-il eu de changé en France, une fois le pouvoir renversé ? absolument rien. En effet, point de chantiers nationaux, point de désastreux essais d'*organisation du travail* ! L'Institution, usant de ses immenses ressources, aurait doublé, triplé les créations de tous genres ; les bras inoccupés sortis

des usines et des fabriques timides, auraient trouvé immédiatement un travail justement rémunéré; ainsi, point de
prétexte plausible de désordre. Après quelques mois, et la
volonté exacte de la nation se manifestant hautement dans
l'Assemblée, les industriels, rassurés, auraient rouvert leurs
ateliers et chaque chose serait rentrée à sa place habituelle.

Nous sommes tout naturellement conduits ici à nous occuper du remplacement militaire, question qui a été débattue
lors de la discussion de la Constitution, et sur laquelle nos
représentants auront à statuer définitivement lorsqu'il s'a-
gira de voter les lois organiques.

Deux orateurs éminents ont pris parti, l'un pour, et l'autre
contre le projet. Le premier a soutenu qu'un gouvernement
républicain ne peut admettre le remplacement; le second a
démontré que cette suppression serait subversive. Les raisons
alléguées de part et d'autre nous paraissant très rationnelles,
il demeure évident pour nous que cette question n'a pas été
traitée sous son véritable point de vue. On a prodigué le talent où il ne fallait que la simple logique, et, ainsi qu'il arrive souvent en pareil cas, on a tourné la difficulté sans la
vaincre.

Voici ce qu'une fois pour toutes nous devrions nous dire :
Sommes-nous républicains de fait, de volonté, et, comme
tels, disposés à accepter toutes les conséquences de cette
forme de gouvernement, ou bien, n'ayant de républicain que
le nom, voulons-nous continuer les errements monarchiques?
La réponse ne saurait être douteuse. Nous devons être ou tout
l'un ou tout l'autre. La monarchie représentative, avec le
suffrage universel pour base, de même que la République,
a ses avantages et ses abus. L'une et l'autre sont ce que les
font les hommes qui les dirigent. Franchement conduites,
elles peuvent, selon nous, suffire à la dignité politique des
peuples. Mais puisque la République est un fait accompli,
sur lequel il est impossible de revenir, et comme c'est, d'ail-

leurs, la forme la plus parfaite, celle qui se prête le mieux aux améliorations, nous devons donc l'accepter sincèrement, sans arrière-pensée, et, dès-lors, y conformer nos institutions.

Or, de véritables républicains ne pourront jamais donner place dans leurs lois au remplacement militaire. Les devoirs envers l'État devant être remplis par tous les citoyens, il serait absurde que de deux personnes à qui le service militaire répugnerait également, l'une pût, moyennant de l'argent, rester tranquillement chez elle, tandis que l'autre, privée de ressources pécuniaires, serait obligée de partir.

Mais si, d'une part, nous établissons l'égalité, nous ne devons pas moins, de l'autre, et avant tout, avoir égard aux exigences sociales. Comment donc concilier deux intérêts qui semblent tout d'abord si opposés? Un moyen bien simple nous est donné, c'est qu'en même temps que vous décréteriez que tous les Français seraient à l'avenir soldats, il n'y en eût aucun qui le fût réellement.

Hâtons-nous d'expliquer ce paradoxe qui doit paraître bien étrange. Voici donc la solution que nous proposons :

Tous les Français, célibataires ou non, de 20 ans accomplis, jusqu'à 30 ans révolus, seraient déclarés de fait gardes nationaux mobiles.

Ce corps devrait être immédiatement organisé et nommer des chefs provisoires.

Tous les autres citoyens, de 18 à 55 ans, composeraient la garde nationale sédentaire.

Dès le fonctionnement de ces deux corps, l'armée serait licenciée.

On formerait, auparavant, autant de régiments spéciaux de volontaires qu'il en faudrait pour les garnisons d'Afrique et des Colonies.

Les officiers généraux, les supérieurs, les subalternes, les sous-officiers de l'armée actuelle passeraient, avec leur solde et leurs grades respectifs, au commandement de la garde nationale mobile.

La discipline établie par la loi de 1831 serait appliquée à cette garde ; elle ne serait assujettie à la discipline militaire que lors de complète mobilisation.

En cas d'appel sous les drapeaux, les mariés avec enfants formeraient un corps de réserve qui ne devrait être employé qu'à mesure de nécessité.

Pour faire face aux besoins de police, on doublerait, triplerait, suivant l'urgence, le personnel de la gendarmerie.

Toutes les villes importantes pourraient solder des gardiens, à l'instar de la ville de Paris. (1)

L'instruction pratique serait donnée aux gardes nationaux mobiles deux fois par semaine, à des heures dérangeant le moins possible les travailleurs.

Afin de faire passer dans les mœurs des citoyens les goûts militaires, il serait, le dimanche, dans chaque commune, ouvert un concours et divers prix décernés aux plus adroits tireurs.

Le corps de la cavalerie devrait être réformé suivant les mêmes bases. L'Institution établirait des haras où seraient élevées en abondance les meilleures espèces chevalines. Ces chevaux, dont les services auraient été utilisés pour l'agriculture, seraient cédés à l'Etat à mesure de besoin et au plus bas prix de revient.

Passons à l'examen de notre marine militaire.

La France, sur la mer, occupe actuellement le second rang et tend chaque jour à descendre au troisième. Si c'était là notre état normal, nous pourrions l'accepter sans amertume

---

(1) Nous n'indiquerons pas ici la manière dont devraient être réglées les circonscriptions militaires, afin de faire participer au service les habitants des villages et des campagnes. Outre notre incompétence à cet égard, le cadre de notre ouvrage ne nous permet pas d'entrer dans des développements. Ce serait aux hommes pratiques de s'en occuper. Nous n'avons d'autre but que d'exposer sommairement les réformes à faire.

en pensant à notre immense influence continentale ; mais est-ce bien le 2e ou le 3e rang que la Providence nous a départi ? Non assurément ; car en donnant deux Océans pour bordure au territoire d'un grand peuple, ne semble-t-elle pas lui avoir révélé en caractères grandioses que sa place doit être à la tête des nations ? Ne renions pas les desseins de Dieu sur nous. Si les Français ont été choisis pour porter le flambeau des idées civilisatrices dans les ténèbres qui environnent encore l'humanité, montrons-nous à la hauteur de nos destinées. Recherchons les causes de notre infériorité comme puissance maritime et faisons-les disparaître, si c'est en notre pouvoir.

Le chiffre limité de nos matelots est notre seul obstacle à la prééminence ; en accroître le nombre, serait, sinon impossible, du moins excessivement difficile ; cela tient à des causes qui sont trop bien connues pour que nous ne regardions pas comme superflu de les développer ici. Or, du moment que nous substituerons aux manœuvriers qui nous manquent un agent quelconque qui soit capable de les remplacer, nous arriverons, en très peu de temps, à occuper sur l'eau la même position que nous avons sur la terre.

Conservons donc pour les voyages lointains et la défense de nos Colonies, nos navires à voile, qui demandent, pour se mouvoir, des armées d'intelligences pratiques, et créons-nous une marine militaire à vapeur. Subordonnons, dans la construction de ces nouveaux vaisseaux, tous les avantages à la seule rapidité de la marche, et qu'après une déclaration de guerre la conduite de tous les commandants fût invariablement :

De protéger le plus efficacement notre marine marchande ; de n'accepter tout conflit que lorsqu'il ne saurait être évité, et, dans ce cas, de transformer, au moyen de l'abordage, l'ancienne lutte aux boulets, en un combat de corps à corps, qui ne pourrait manquer de tourner à notre avantage et serait en même temps moins meurtrier. Quelque peu brillant que pourrait paraître ce rôle, il est, selon nous, bien plus honorable d'acquérir les sympathies des hommes en leur montrant, en toute occasion, de la sollicitude pour leur existence, que de les étonner par des prodiges de valeur.

Les Lycurgue et les Solon, les Alexandre et les César sont des personnages également célèbres ; mais, aux yeux de l'humanité, les premiers sont bien autrement grands que les derniers, car ceux-là ont consacré leur vie à adoucir et à panser les blessures que ceux-ci leur avaient faites.

Voudrions-nous, nous rendant plus formidables encore, enlever à nos ennemis toute velléité de nous tracasser sur la mer : l'Institution ferait construire un nombre suffisant de petits bâtiments taillés pour la course. En temps de paix ils seraient employés aux transports, et armés en corsaires en temps de guerre. Le commandement en serait donné à des capitaines de la marine marchande, et la moitié des prises, qui appartient, selon les traditions, à l'Etat, reviendrait à l'Institution, dont elle augmenterait les richesses.

Mais là ne doivent point se borner nos réformes. S'il est prudent d'être prêts à faire face à toute éventualité, il est bien plus sage encore d'en empêcher jusqu'à la possibilité. Le fléau de la guerre a trop longtemps ravagé l'humanité ; il est temps de le faire cesser.

Les causes des conflits sont diverses, mais leurs résultats identiques. Les puissances belligérantes, après s'être mutuellement égorgé deux, trois, quatre cent mille hommes, plus ou moins, finissent toujours par où elles auraient dû commencer, c'est-à-dire par s'entendre. Tout rentre alors à sa place accoutumée, il y a seulement une foule de mères qui, éplorées, attendent en vain le retour de leurs enfants.

Les guerres cesseront, sinon entièrement, du moins deviendront très rares, dès qu'il sera laissé aux peuples la liberté de les déclarer. Ils finiront par comprendre, s'ils ne l'ont déjà fait, qu'eux seuls en supportent les frais et toutes les calamités, sans en retirer aucun avantage.

L'équilibre européen aurait pu être de quelque efficacité, si ce concert entre puissances avait été composé d'éléments homogènes et les conditions des traités fidèlement remplies. Mais, dans ce pacte, comme dans tous les pactes possibles, il y a eu des fourbes et des dupes. La France a fait d'assez rudes écoles pour être lasse d'un pareil système. S'il est plus honorable d'être le volé que le voleur, cet état de choses ne saurait cependant, s'il devait se perpétuer, se concilier avec l'amour-propre d'une nation. Il est de notre dignité de sortir, s'il est possible, d'une position qui ne peut, qui ne doit nous être normale. Que faut-il pour cela? Beaucoup d'hommes d'abord et de l'argent ensuite. Nous avons la première de ces deux choses; je crois avoir démontré que la seconde ne nous manquerait pas. En effaçant notre signature du contrat, envoyons aux puissances étrangères le manifeste suivant, à jamais irrévocable :

« La France entend, dès aujourd'hui, rester seule maî-
« tresse de ses actions. Elle engage son honneur
« à ne faire aucune tentative de conquête; son territoire ac-
« tuel étant plus que suffisant au bonheur de sa population.

« Ses sympathies sont d'avance acquises aux peuples qui
« voudront marcher dans la voie du progrès; elle prêtera
« avec empressement le concours de ses lumières à quicon-
« que le demandera, mais elle ne prétend les régenter en
« aucune manière. Elle prévient seulement que si les lois de
« l'humanité sont violées, n'importe où, de quelque part,
« du reste, que vienne la violation, elle interviendra les armes
« à la main. A ses yeux, la grande famille humaine étant
« une, elle regardera de son devoir, alors que des atrocités
« auront été commises, d'en poursuivre énergiquement l'é-
« clatante réparation. »

Montrons, pour opposer aux cohortes des récalcitrants,

composées d'esclaves se battant forcément pour une cause qu'ils réprouvent bien souvent, mettant leur existence pour enjeu dans une lutte dont ils savent ne retirer nul profit, montrons-leur, dis-je, nos millions de citoyens accourus d'eux-mêmes sous les drapeaux, battant tous d'un même cœur, connaissant la justice de leur cause, ayant à soutenir leur réputation et à défendre honneur, patrie, religion, famille, existence, fortune.

Est-il déraisonnable de croire qu'alors, mieux que par le présent, toute chance sérieuse de guerre serait enlevée ?

L'Etat, n'ayant plus de routes à créer, des compagnies de chemins de fer à subventionner, de canaux à creuser, d'armées considérables à entretenir et à solder, de misères à soulager, n'aurait plus besoin d'un budget de 1800 millions; il pourrait, tout en dégrevant les contribuables actuels, supprimer toutes les contributions indirectes et réduire considérablement les droits de douane, à titre de réciprocité de la part des puissances étrangères ; de là, économie pour tous, augmentation de débouchés et partant de bien-être pour tous.

Au point de vue des travailleurs ? — Je pense avoir donné d'assez bonnes raisons pour le prouver. Récapitulons sommairement les avantages les plus directs qu'y trouverait le travailleur.

1° Le travail assuré en tous temps et en toutes saisons.

2° Les moyens d'existence en cas d'infirmités prématurées.

3° L'existence assurée à sa veuve et à ses enfants.

4° Une pension de retraite suffisante, s'il arrive à 55 ans.

Est-il jamais venu à l'idée des travailleurs de demander autant ?

Supprimons un instant tous ces avantages. Leur quotité journalière ne servirait-elle qu'à faire disparaître le chômage forcé qui a, de tout temps, si durement pesé sur eux, qu'il y aurait encore économie de la payer. Mettons pour minimum un mois de chômage et pour salaire 2 fr. par jour : c'est donc fr..60 qu'ils perdent forcément chaque année. Qui donc ne donnerait fr. 36 répartis en vingt-quatre paiements, en échange de fr. 60 touchés tout d'une fois? Ouvriers, vous le voyez donc bien par tout ce qui précède, c'est semer un peu de cuivre pour récolter de l'or (1).

Au point de vue des agriculteurs actuels? — Il semblerait, tout d'abord, que cette classe aurait à souffrir de la grande abondance des produits agricoles qui surgirait par la mise en exploitation d'une grande quantité de terres jusqu'à présent incultes. Ce n'est point l'abondance des récoltes qui fait baisser les prix, mais seulement la mauvaise application qu'on en fait actuellement. Citons un exemple :

N'est-il pas étrange que les départements vinicoles se voient bientôt forcés de laisser pourrir les raisins sur place, ou d'arracher les vignes, parce que le rendement ne couvre pas les frais de main-d'œuvre, alors que les trois quarts de la population française boivent de l'eau, du cidre ou toute autre drogue de cette espèce? Eh bien ! quand, par une suppression ou une diminution de droits d'une part, et une augmentation de bien-être de l'autre, le vin serait accessible à tous, non-seulement on ne songerait plus à arracher les vignes, mais encore on les multiplierait. Il en serait de même pour la viande, le blé, etc.

(1) Le chômage n'existerait plus par deux raisons principales :

1° Par l'équilibre qui ne manquerait pas de s'établir entre les ouvriers et le travail à faire. Notre travail agricole absorberait inévitablement les bras qui refluent actuellement dans les ateliers.

2° En admettant même que des ateliers suspendissent leurs travaux durant quelque temps, les bras inoccupés trouveraient toujours un emploi dans les travaux agricoles. Le salaire des agriculteurs serait réglé de manière que, bien que justement taxé, il ne pût, vu la facilité avec laquelle on pourrait l'obtenir, engager les ouvriers à déserter les ateliers privés, ou leur donner la faculté d'imposer des conditions onéreuses aux patrons.

On arriverait par là à fixer d'une manière à peu près invariable, et au plus bas taux, le prix du pain, de la viande et du vin, ces bases principales de la nourriture de la presque totalité des travailleurs. D'ailleurs, la France n'est-elle pas tributaire des autres puissances pour une foule de produits agricoles ?

Puis, si, par les méthodes employées actuellement, et Dieu sait quelles sont ces méthodes ! les agriculteurs actuels arrivent à faire produire dix hectolitres de blé à un champ, il est évident que lorsque l'agriculture sera sortie des langes qui l'enveloppent encore, ces mêmes agriculteurs obtiendront du même champ au moins quinze hectolitres. Et enfin le chômage ne disparaîtrait-il pas également pour eux ?

Au point de vue de la bourgeoisie ? — Outre les avantages qui lui sont communs avec les autres classes, le sort de la bourgeoisie s'améliorerait, par l'amélioration même du sort des travailleurs, des ouvriers proprement dits ; car, si ces derniers sont misérables, qui donc achète les marchandises des magasiniers ? et si les magasiniers ne vendent pas leurs marchandises, qui donc paie leurs loyers aux rentiers ? Nous en avons un bien triste exemple aujourd'hui. Donc, solidarité partout et toujours.

Au point de vue de la liberté, de l'égalité, de la fraternité, cette sublime devise que nous avons inscrite au fronton de tous nos monuments et sur tous nos drapeaux, mais qu'il importe avant tout de buriner profondément dans le cœur de chaque citoyen ? — Avec un pays sagement organisé, le gouvernement serait fort et respecté, partant *liberté* pleine et entière pour tous. Il y aurait *égalité* de tous ; car, pour arriver à toutes ces grandes choses, l'obole du pauvre aurait contribué tout aussi bien que l'or du riche ; et enfin *fraternité* envers tous ; car l'opulent renoncerait avec bonheur à ses droits afin d'accroître la part de ceux de ses frères moins favorisés que lui par la fortune.

On peut encore, sans mécompte, je crois, supposer que, par des dons, le riche s'empresserait d'augmenter le trésor général.

L'Assemblée nationale a été conduite par la seule gravité des circonstances, nous devons le croire, à maintenir une ancienne loi de proscription et à y ajouter un paragraphe. Elle a comprimé ce qui, de sa nature, demande à être libre, et sera forcée, par le même motif, de placer des entraves à la liberté de l'enseignement. Que l'on ne s'y méprenne point, ce ne sont pas des griefs que nous formulons ici : nous reconnaissons la nécessité de ces restrictions au nouveau code national, mais cette nécessité même n'en est pas moins déplorable. Le mot République implique le progrès, et pourtant nous nous traînons dans les vieilles ornières. A quoi bon changer le nom si la forme doit être la même? Je l'ai dit et je le répète encore : s'il est prudent de préparer d'avance le remède, il est bien plus sage d'éloigner les chances de la maladie. Que la force, la justice et la fraternité de nos institutions politiques et sociales rendent désormais impossible toute tentative de retour vers le passé.

Admettons la nation organisée d'après les bases que nous avons essayé de tracer ; où serait la force qui pourrait servir à des prétendants? Est-ce se montrer logiquement républicain que de vouloir faire supporter aux enfants les fautes des pères? Où est la loi humaine qui dise cela? Donnons au péché originel de ces jeunes gens que nous aimions, que nous estimons encore, le baptême de notre respect et de notre confiance. Pouvons-nous, d'ailleurs, sans les accuser de déraison, ne pas croire qu'ils ont reconnu que leurs prétendus droits ne reposaient que sur des conventions que le peuple était parfaitement libre de rompre? Oui, ils auront compris ce que des préjugés seuls pouvaient leur faire dénier : que les hommes n'ont d'autre maître que Dieu, et ne reconnaissent d'autre autorité que celle de la religion et des lois qu'ils ont tous été appelés à faire ; que l'échelle des positions ne doit pas être graduée par l'aveugle supériorité de la naissance, mais ne peut avoir d'autre base que la vertu et d'autre sommet que les services accomplis.

Que, redevenus citoyens, ils placent dans la balance leurs mérites et leur dévoûment, et la France serait encore heureuse et fière de les porter au premier rang.

Nous dégagerions la presse et l'enseignement de toutes mesures préventives, en les assujettissant à une rigoureuse répression. Les moyens fiscaux sont dérisoires autant qu'impuissants. Quiconque serait convaincu d'avoir poussé, par ses écrits, au renversement des lois, ou qui, dans ce même but, aurait abusé de son ascendant sur de jeunes intelligences, devrait être déclaré traître envers la patrie et expulsé à tout jamais du territoire français.

Au point de vue moral ? — Il a été de tout temps reconnu que « travailler au bien-être matériel des nations, c'est améliorer d'autant le moral des peuples. » Et vous catholiques méticuleux, n'allez pas m'objecter que le besoin est un frein salutaire pour contenir les populations. Je ne m'écrierai pas, comme vous : Blasphême ! mais je vous répondrai : Erreur ! Qu'engendre le besoin ? la rebellion, le vol, le meurtre, la prostitution, etc. Quels sont les effets d'une existence obscure, mais assurée ? l'amour de l'ordre, le respect de la propriété, la reconnaissance ; l'effusion enfin de toutes les vertus qui existent en germe dans le cœur de l'homme et que doit développer une éducation vraiment chrétienne.

Certes, je reconnais avec vous que si chaque citoyen possédait dix mille francs de revenu, la société ne tarderait pas de périr ; l'oisiveté amènerait avec elle tout son cortège de mauvaises passions : de là le chaos. Mais vous avez pu juger que tel n'est pas notre but : tout au contraire ! Notre modeste retraite prendrait l'homme à cet âge, où, mesurant le peu d'horizon qu'il lui resterait à parcourir, il aurait les moyens de ne plus songer qu'à la direction de sa famille , et à se préparer à terminer, par une mort calme et douce, exempte d'inquiétude pour ce qu'il laisserait après lui , une vie purifiée par le travail.

M'objecterez-vous encore qu'il n'est pas juste que les fainéants, les débauchés, les ivrognes, partagent également notre sollicitude avec ceux qui passent toute leur vie dans un travail assidu? Erreur encore! Choisissons une raison entre mille : D'abord les uns comme les autres n'auraient-ils pas contribué également à la masse commune? Ensuite chaque vice ne porte-t-il pas avec lui son propre châtiment? Mettons en action ces divines paroles du Christ : « Il vous sera pardonné, car vous avez beaucoup péché. » Oui, tous les hommes arriveraient, avec les mêmes droits, au même but, mais par des chemins bien différents. L'homme laborieux et prévoyant, en marchant sur les fleurs de l'abondance et des joies domestiques ; le dissipateur, en se heurtant contre les ronces et les décombres.

Le prélèvement de l'impôt projeté est-il subversif? — Je pourrais, je pense, me dispenser de répondre à cette question, elle est résolue ; ajoutons un exemple : Le budget de l'Etat, qui est actuellement de près de 1800 millions, et dont le plus grand poids n'est supporté que par une partie des citoyens, jette-t-il la perturbation dans les propriétés? Non, car il est dépensé à mesure qu'il rentre; par leur circulation incessante, les écus vont successivement retrouver leur place. Il en serait de même du nouvel impôt : l'argent, à mesure de rentrée, serait immédiatement rendu à la circulation par le salaire des travailleurs , et il resterait en échange d'immenses valeurs mobilières et immobilières conquises sur le néant.

Une objection encore. Vu la situation actuelle de la France, serait-il juste, serait-il prudent de soumettre immédiatement la population au paiement du nouvel impôt? Bien qu'à la rigueur et par les causes développées plus haut, il pût être

appliqué sans danger, ce ne serait pas, dès le début, donner
des preuves de cette sollicitude que nous avons avant tout eu à
cœur de montrer envers nos concitoyens de toutes les classes.
La patrie souffre, n'augmentons point son mal ! Eh bien ! l'E-
tat, qui est le protecteur né de notre fortune à tous, l'Etat,
qui, en définitive, est notre père commun, doit nous donner
tous les moyens de l'accroître, alors que ces moyens sont de
toute justice, et que les avantages en résultant doivent être
communs à tous ses enfants.

Voici donc ce que nous proposerions pour la première
année :

Il serait, immédiatement après la promulgation du décret
portant création de l'Institution, ouvert dans chaque mairie
un registre de souscriptions : inutile de dire que la souscrip-
tion et son chiffre seraient volontaires. Ces registres reste-
raient ouverts pendant un mois, et, à l'expiration du délai,
les maires, assistés des conseillers municipaux, feraient parvenir le montant des souscriptions au receveur-général de
leur département respectif, lesquels receveurs-généraux l'a-
dresseraient à leur tour au ministre des finances. L'Etat por-
terait alors la somme totale de ces souscriptions à 475 millions 800 mille francs, au moyen d'une émission de rente
5 0/0 au pair, créée pour un temps indéterminé. L'intérêt
des coupons serait payé par l'Etat, qui serait remboursé fina-
lement du capital de cette émission et des intérêts, par l'Institution, dès qu'elle serait en mesure de le faire sans diminuer
ses créations.

Les travaux pourraient ainsi commencer immédiatement
après l'organisation de l'Institution.

L'Etat donnant par là un gage irrécusable de sa bonne foi,
les affaires commerciales reprendraient subitement leur ancienne activité, et, le bien-être général aidant, la perception
de l'impôt pour la deuxième année ne rencontrerait plus
aucun obstacle.

Un mot maintenant à l'adresse des socialistes, des communistes, des organisateurs du travail, des prétendus régénérateurs de l'humanité, etc., etc. Je serai bref avec eux et ne les imiterai point dans leur pathos métaphysique. Je leur dis simplement : Voilà les avantages réels que je donne au peuple, mettez en regard ceux que vous prétendez lui donner aussi, et qu'il soit juge entre nous !

Telle est, mes chers compatriotes, l'ère de prospérité qui s'ouvrirait pour la France. L'inauguration n'en dépend que de vous : vous n'avez qu'à vouloir. Tous mes calculs sont bien réels, bien positifs, nullement enflés ; tout au contraire ! Que nous importent d'ailleurs les calculs ! que nous importe qu'il faille vingt ans, trente ans, quarante ans pour arriver à former un capital qui, par son revenu annuel, nous permette d'avoir tous une pension de retraite pour nos vieux jours ! c'est le principe seul qu'il nous fallait (ce principe, nous l'avons, on ne peut le nier), car dès son application la plupart de nos misères cesseraient.

Une fois entrés dans la véritable voie du progrès, rien ne pourrait nous arrêter : il y aurait toujours à faire, toujours à créer. Le véritable progrès, voyez-vous, c'est une mine d'or inépuisable : à peine un filon commence-t-il à s'épuiser, qu'il est remplacé tout aussitôt par une foule d'autres, tous plus riches et plus brillants. Mais ce qu'il vous faut faire avant tout, c'est de rompre avec le passé.

Et vous, travailleurs, vous surtout qu'on a tant exploités depuis Février, vous que des démagogues intéressés veulent pousser dans l'abyme afin de faire un piédestal à leur nullité, ouvriers enfin, mes frères, ralliez-vous d'enthousiasme sous le drapeau de la justice et de la fraternité, loin duquel rien n'est stable. Il savent bien, ces ambitieux intrigants, que ce n'est qu'à travers une mare de sang et un sol jonché de cadavres qu'ils pourraient parvenir à leur coupable but ; mais, arrivés au sommet, que leur importerait la base !

Abandonnez sans retour à eux-mêmes ces hommes qui ne se servent de vous que comme d'un vil marche-pied ; ne vous laissez pas plus longtemps éblouir par leurs paroles d'autant plus sonores qu'elles sont plus vides de sens. Demandez-leur quels sont leurs projets, et les moyens qu'ils comptent employer pour les réaliser ? Mais qu'avez-vous besoin de leur demander de plus ? jugez par ce qu'ils ont été ce qu'ils seraient encore. Tant qu'ils furent ce qu'ils appellent les persécutés, je comprends qu'ils pouvaient avoir vos sympathies en vous montrant sans relâche la chimérique oasis qu'ils disaient avoir les moyens de vous faire habiter ; mais vous les avez vus à l'œuvre depuis Février ! le morceau de pain qu'ils vous ont jeté dans les chantiers nationaux était bien insuffisant, puisqu'il vous a conduits en juin à de nouvelles barricades ; et encore ce pain n'a-t-il pu être pétri qu'au moyen d'un nouvel impôt ! Loin d'être un secours, ce morceau de pain n'a été, en effet, qu'une cause de gêne et de ruine pour tous.

Argueront-ils de leurs décrets philantropiques ? Mais, au lieu de se borner à abolir par un trait de plume la peine de mort en matières politiques, n'eussent-ils pas mieux fait, par de sages et fortes institutions, de rendre les conspirateurs impuissants ? N'aurait-il pas mieux valu qu'au lieu d'être une juste cause d'effroi, les conspirateurs émérites n'eussent été désormais, ainsi qu'ils devraient l'être, que des insensés dignes de notre pitié, et, comme tels, enfermés ou chassés de la patrie ? Vous parleront-ils de l'abolition de l'esclavage ? Ah ! que ne pouvez-vous tous consulter les affranchis, nos nouveaux frères ! vous verriez que leur prétendu décret philantropique n'a été qu'une cause de misère pour les noirs et de ruine et de massacre pour les blancs ! Vous verriez alors qu'au lieu de prodiguer des millions pour arriver à toutes ces horreurs, il eût mieux valu que par des concessions progressives, on apprît aux esclaves les devoirs qu'engendre le droit de citoyen, les rendant ainsi, sans secousse, sans violence aucune, dignes d'être appelés un jour citoyens français.

Interrogez-les ; ceux qui viennent à vous au nom de la fraternité, l'injure et la menace à la bouche ; interrogez-les sur leurs mœurs privées et politiques ; ils se garderont bien de répondre à cela, ces hommes qui ont passé toute leur vie à crier contre la faveur, le népotisme, et qui, dépassant en effronterie les plus ambitieux des plus mauvais temps de la monarchie, ont inondé toutes les administrations de tout ce que la société a enfanté de plus abject ; les voyez-vous encore, ces ignares baudets revêtus de la peau du lion, se partager insolemment à votre barbe les résidences royales, et salir de leur bave immonde les lambris qui devraient abriter seulement la vertu et le génie !

Nous voilà arrivés au bout du chemin ; ajoutons-y encore une étape ; le temps qui a été employé à écrire et à imprimer le présent opuscule, ayant ajouté de la gravité à notre malheureuse situation.

J'aurai, je le sais d'avance, aux yeux de bien des gens, le tort impardonnable d'avoir critiqué tous les partis sans m'appuyer sur aucun. Mais, qu'on le sache bien, je méprise autant les injures de ceux qui en font métier, que je fais de cas de l'estime des honnêtes gens. C'est pour eux, pour eux seuls, que j'ai pris la plume.

Je n'appartiens, il est vrai, à aucune opinion arrêtée, mais n'ai-je pas plus lieu de m'en féliciter que de m'en plaindre ? Aurais-je, d'ailleurs, marché sous un drapeau, que je l'eusse abandonné du moment qu'il serait sorti de la voie de la justice et de la modération, hors de laquelle tout honnête homme, selon moi, doit rougir de se trouver.

Cela dit, continuons.

Il est évident, pour quiconque ne veut pas rester aveugle quand même, que nous marchons vers une catastrophe. Sans être prophète, on peut dès à présent prédire ce qui arrivera.

D'abord la guerre des prolétaires contre les riches, et ensuite de toutes les classes entre elles. Le massacre, le vol, l'incendie, étendront leurs horreurs sur la France, jusqu'au moment où, haletante, la société se jettera dans les bras du premier ambitieux venu, assez puissant pour rétablir une espèce d'ordre; puis, les forces épuisées réparées, ce sera à recommencer, et cela tant que la cause qui détermine ces convulsions ne sera pas détruite.

Quelle est donc cette cause ?

Vous l'attribuez à l'impiété et à la démoralisation qui, dites-vous, de la bourgeoisie ont gagné les classes inférieures. Calomnie ! les bourgeois ne sont pas plus démoralisés ni plus impies que les autres hommes: s'il en est de vicieux, la bourgeoisie compte aussi dans ses rangs de nombreuses et solides vertus. Il est faux qu'elle suinte, par tous les pores, les doctrines voltairiennes. Si elle a lu les ouvrages des philosophes, elle a retenu seulement les vérités qu'ils ont enseignées et en a oublié les écarts. Elle ne s'est faite d'ailleurs l'institutrice de personne, ses occupations ne lui laissant pas assez de temps pour cela. Elle révère la religion de ses pères, et n'a pas de plus ardent désir que d'en voir le triomphe.

Ne cherchons point dans les astres ce qui nous crève les yeux ; l'unique cause de notre décadence, je vais vous la dire, dussé-je me fourvoyer autant que vous : c'est la misère. La société n'aura de repos assuré que lorsque cette hideuse lèpre aura été totalement guérie.

Me direz-vous qu'il est étrange qu'on veuille maintenant se roidir contre ce qui a toujours été accepté ? Que la misère ait existé de tout temps, je n'en disconviens pas, mais cela prouve-t-il que le principe n'en soit pas essentiellement terrestre ? Si le dénuement n'est pas un vice, ce n'est pas non plus une vertu. Pouvons-nous admettre, dans tous les cas, que la Providence, qui a pourvu avec tant de munificence la nourriture des animaux, se soit montrée parcimonieuse envers le roi de la création ?

Le malaise des populations a atteint des limites intolérables. Le droit *du* travail, proclamé par notre première révolution, en donnant un immense essor à toutes les ambitions, a couvert la route de naufrages. Chacun s'est creusé la tête pour monter, et, comme en toute chose il y a beaucoup d'appelés, mais peu d'élus, il est arrivé qu'après des efforts suprêmes, une multitude de malheureux sont rudement tombés au plus bas de l'échelle. Mais, outre que le droit *du* travail ne peut être dénié, devons-nous raisonnablement l'accuser ? N'est-il pas le moteur de cette émulation qui a produit les admirables découvertes dont la civilisation se montre si fière à tant de titres ?

Il est possible que vous ne compreniez pas les exigences de ceux qui souffrent : je vais vous expliquer pourquoi ils sont si impatients et surtout si tenaces. Insensés ! vous avez cru travailler au bonheur du peuple en lui donnant l'instruction, sans vous apercevoir que vous aiguisiez vous-mêmes l'arme qui doit vous détruire, si vous ne faites droit à ses justes réclamations. Les masses, sorties des ténèbres de l'ignorance, ont appris à raisonner et ont trouvé, non point dans les ouvrages des impies et des profanes, mais dans la religion même, la justification de leurs griefs.

Dieu, en disant à l'homme : « Tu gagneras ta vie à la sueur de ton front », n'a-t-il pas impliqué par ces paroles que tout homme doit pouvoir vivre en travaillant ? D'où vient qu'il y a une foule de bras qui demandent en vain de l'ouvrage ? « Croissez et multipliez », a dit le Christ ; cela ne signifie-t-il pas qu'une nombreuse famille, loin d'être un fléau pour les parents, doit être, au contraire, une bénédiction ? D'où vient donc que pour beaucoup d'entre eux leurs misères se comptent par le nombre même de leurs enfants ?

Dites-moi, vous qui ne voyez d'autre refuge que dans la

reprise des affaires commerciales, vous qui soutenez que si l'industrie revenait à son ancienne activité, tous les besoins seraient satisfaits; dites-moi, est-ce sérieusement que vous croyez cela, ou bien, ainsi que font les enfants dans l'obscurité, n'avez-vous d'autre but que de calmer votre effroi par le bruit de vos paroles? Se peut-il que vous n'ayiez pas compris que donner l'industrie à une nation pour base première de sa prospérité, c'est en livrer l'existence à toutes les éventualités des débouchés! La faim vous déborde, et vous dites aux populations : « Patience! la confiance renaîtra et avec elle, le travail; » et les populations vous répondent : « Hâtez-vous, car nous ne pourrions attendre plus longtemps sans mourir. Voilà dix mois que vous nous répétez le même thème, et voilà dix mois que nous attendons vainement le retour de cette confiance qui semble nous fuir! Pouvons-nous raisonnablement donner à nos enfants une pareille abstraction pour nourriture ?»

Je vous dis à mon tour : Il vous est impossible d'assigner un délai à la reprise du mouvement commercial. Il serait à souhaiter que ce terme fût prochain, mais il est plus vraisemblable d'admettre qu'il sera long, si jamais il arrive. Auriez-vous, en outre, le pouvoir de replacer le pays dans son ancienne situation, que vous ne seriez pas pour cela sortis de vos embarras. Bien des misères se sont fait jour qui ne rentreront plus dans l'ombre. D'ailleurs, en produisant plus qu'il n'est possible de consommer, l'industrie n'a-t-elle pas dit son dernier mot ? Au lieu d'en désirer l'extrême développement, ne devriez-vous pas plutôt chercher à la restreindre? Ignorez-vous que ce n'est qu'au moyen d'une concurrence effrénée que bien des industriels donnaient du travail aux bras? Ce beau vernis de splendeur, dont vous faites tant de bruit, n'était qu'une mauvaise drogue que le premier nuage a fait déteindre.

Malheureuse société! tu as abandonné ta nourrice, l'Agriculture, pour te jeter dans les bras de l'Industrie, qui, en véritable courtisane, t'a admise à partager ses riches festins, mais qui, aux jours de l'adversité, t'entraînera avec elle mourir à l'hôpital! Oh! reviens, reviens sous le toit maternel, il en est temps encore : celle qui veilla sur ton berceau n'a point gardé de rancune; elle s'apprête avec joie à fêter ton retour, et n'attend qu'un de tes sourires pour t'ouvrir son sein, source des seules inépuisables richesses que ton ingratitude a trop longtemps méconnues!

A la loi naturelle, qui donne en naissant à chaque individu une égale portion de l'héritage terrestre, a été substituée la loi sociale qui veut que les services rendus soient la seule règle des possessions. Le peuple comprend la nécessité de cette seconde loi, sans laquelle nulle agglomération d'hommes ne pourrait exister; mais si vous voulez qu'il la respecte, il faut que vous la lui fassiez du moins acceptable.

Riches et puissants, retenez bien ceci : Il ne suffit pas que vous puissiez dire : si nous possédons de la fortune, des dignités, c'est honnêtement que nous les avons acquises. Avons-nous jamais dérobé? Avons-nous jamais fait, volontairement, rien qui pût porter préjudice à nos semblables? Que ceux qui nous trouvent criminels nous jettent la première pierre! Oui, sans doute, vous avez satisfait aux lois humaines, rien n'est plus vrai pour la majorité d'entre vous; mais, aux yeux de Dieu, vos devoirs envers la société doivent s'étendre au-delà de ces étroites limites. Parce que vous ne l'y avez point précipité, vous ne pouvez, vous croisant tranquillement les bras, laisser noyer votre prochain dans la rivière. En vous confiant la richesse et le pouvoir, le ciel vous a ordonné d'assister vos frères malheureux dont vous êtes les protecteurs nés.

Voilà quant au cœur; m'adresserai-je maintenant à votre propre intérêt?

Avez-vous jamais songé à quelles affreuses tortures vous

seriez condamnés si les ouvriers, non pas individuellement, mais par masses compactes, allaient chercher dans des contrées plus hospitalières, cet adoucissement à leurs souffrances, qu'ils auraient en vain réclamé de vous?

Vos outils pourraient être d'or, il est vrai, mais ils n'en deviendraient que plus écrasants pour votre faiblesse.

Vous reconnaîtriez alors, mais trop tard, que, si infime qu'il puisse paraître, il ne saurait être impunément retranché un seul anneau de la chaîne des conditions.

Démocrates, écoutez une dernière fois la voix d'un homme qui n'a aucun intérêt à vous tromper, et qui, soyez-en persuadés, n'aspire pas à grossir le nombre de vos courtisans.

Vous avez des chefs qui vous promettent une partie des avantages que j'espère avoir trouvé le moyen de vous assurer. Je m'appuie sur des faits; eux, sur des paroles. Ils veulent diminuer vos charges; j'ai, moi, en outre, la prétention d'augmenter votre mince revenu et de vous faire un capital de retraite. Est-il possible, d'ailleurs, de prendre au sérieux des vues financières, qui tout en réduisant les recettes nécessaires à l'État, doubleraient, tripleraient ses dépenses? Ils ont bien un projet d'impôt progressif, mais cette conception est un songe-creux, une absurdité.

Je pourrais vous prouver mon dire par une foule de raisons, je me bornerai aux trois principales :

1° Parce que, quel que fût le point de départ de cet impôt, on arriverait, pour certains revenus, non-seulement à leur absorption complète, mais encore on les dépasserait. Ainsi, plus un individu serait riche, plus vite il serait dépouillé.

2° Parce qu'il amènerait le renversement de la République. Si nous tenons à la conserver, nous ne devons pas soulever de terribles colères, ni nous attirer des vengeances inévitables, mais seulement agir par la voie de la justice et de la conciliation.

3° Parce qu'il serait subversif de tout ordre social. Le

mobile du travail, c'est une raisonnable ambition. On n'est ambitieux que parce qu'on espère arriver à la fortune et à l'opulence; mais si ces deux mots devenaient un jour synonymes de dénuement, il est clair que l'ambition disparaîtrait. Or, nous l'avons dit, sans ambition point de travailleurs, sans travail, point d'existence.

Voulez-vous, soufflant sur leurs ridicules élucubrations, réduire leurs calculs à néant? Remarquez : tout ce qu'ils disent et écrivent se résume en ceci : « Les capitaux étant tout d'un côté, nous prétendons, par des lois, en établir une plus juste répartition. »

Or, il est faux que les valeurs soient mal distribuées; ce qui est positif (et ils n'ont jamais songé à cela), c'est qu'elles sont insuffisantes. Ils s'écrient : Réforme; je vous dis, moi, Créons.

Choisissez : votre avenir est dans l'un de ces deux mots.

Mais surtout qu'il n'y ait point d'équivoque entre nous; je vous le répète en finissant : si vous voulez sortir de votre malheureuse situation, ce n'est que par l'agriculture que vous le pourrez. Cette vérité établie, comment faut-il procéder? J'ai traité cette question dans les limites de ma raison et de mon intelligence. Si un ardent désir d'être utile à mes semblables avait pu tenir lieu de savoir, j'en eusse, n'en doutez pas, trouvé la véritable solution. Mais je crois tous les hommes sujets à l'erreur, et je ne prétends nullement faire exception à la règle commune. Je vous offre mon travail pour ce qu'il peut valoir; mais si vous trouvez, pour arriver au but, des moyens plus justes, plus fraternels, plus efficaces, je serai le premier à le reconnaître et à les appuyer. Je n'ai jamais compris qu'on pût opposer à l'intérêt général une misérable question d'amour-propre.

ORGANISATION

DE

L'INSTITUTION.

Voici à peu près de quelle manière nous entendrions que l'INSTITUTION fût organisée :

Il serait créé un ministère spécial. Le ministre serait nommé par le pouvoir de l'Etat, et directement responsable de tout dol, de toute dilapidation.

Un Conseil spécial composé de six membres, élus pour trois ans au suffrage universel, serait également institué. Ce Conseil aurait pour mission de surveiller les opérations du ministre et de l'aider de ses lumières.

Les membres du Conseil seraient indéfiniment rééligibles.

On organiserait une administration spéciale à l'instar des administrations actuelles.

L'administration aurait pour chef immédiat un directeur-général relevant du ministre.

Une cour des comptes serait chargée de réviser toutes les pièces, tous les documents fournis par l'administration.

L'administration aurait, dans chaque département, un directeur nommé par le ministre : il est juste que celui qui répond d'une chose, ait le droit de choisir les principaux agents qui doivent exécuter cette chose.

Toutes les autres places seraient, pour éviter le népotisme, données au concours aux plus méritants.

On écarterait du programme de ces concours toutes les sciences abstraites, le grec, le latin; qu'aurions-nous à faire de tout cela ! Les examens rouleraient sur les connaissances spécialement requises pour occuper dignement l'emploi pour lequel postuleraient les candidats.

Les membres des conseils-généraux seraient, de droit, inspecteurs des travaux de l'Institution. Ils se mettraient directement en rapport soit avec le directeur de leur département respectif, soit avec le ministre.

Tous les appointements seraient réservés, chaque année, au budget de l'Institution. Toutes les places devraient être justement rémunérées, mais point d'émargements scandaleux, et surtout point de sinécures !

Les tribunaux font afficher, à la fin de chaque session, la liste des citoyens qui ont encouru des peines infamantes. Si, d'une part, vous publiez les crimes, il est de toute justice de donner la même publicité à la vertu.

Il serait donc publié tous les quinze jours, un *Moniteur* de l'administration, dans lequel, après le compte-rendu de la situation des travaux de l'Institution, seraient inscrits les noms de tous les citoyens qui auraient bien mérité de la patrie, avec une légende expliquant la nature des services rendus.

Il devrait être créé un ordre de décorations.

On pourrait édifier enfin dans chaque chef-lieu de département un palais dans lequel seraient réunis les portraits de tous les bienfaiteurs de l'Institution. Nous entendons par bienfaiteurs de l'Institution tous ceux qui, soit par des dotations importantes, soit par des découvertes en agriculture ou autres, auraient contribué à la rendre de plus en plus florissante.

Chaque année, un jour serait spécialement consacré à fêter la mémoire des bienfaiteurs du peuple.

Vous donneriez ainsi une nouvelle impulsion à la vertu, en même temps que vous rendriez le vice de plus en plus honteux et méprisable.

Décembre 1848.

www.ingramcontent.com/pod-product-compliance
Lightning Source LLC
Chambersburg PA
CBHW070931280326
41934CB00009B/1823